아빠는 오리지널 힙스터

DADS ARE THE ORIGINAL HIPSTERS by Brad Getty
Copyright ⓒ 2012 by Brad Getty

All rights reserved.
First published in English by Chronicle Books LLC, San Francisco, California.
This Korean edition was published by Prunsoop Publishing Co. in 2018 by arrangement
with Chronicle Books LLC, San Francisco, California through KCC(Korea Copyright
Center Inc.), Seoul.

이 책은 (주)한국저작권센터(KCC)를 통한 저작권자와의 독점계약으로
푸른숲. (주) 도서출판 에서 출간되었습니다. 저작권법에 의해 한국 내에서 보호를 받는
저작물이므로 무단전재와 복제를 금합니다.

아빠는 오리지널 힙스터

브래드 게티 지음 | 박세진 옮김

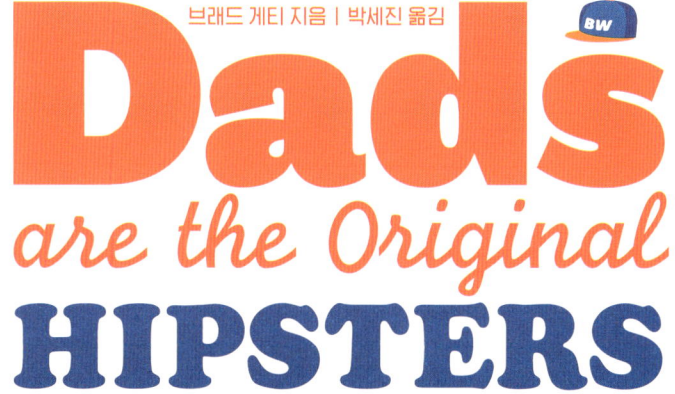

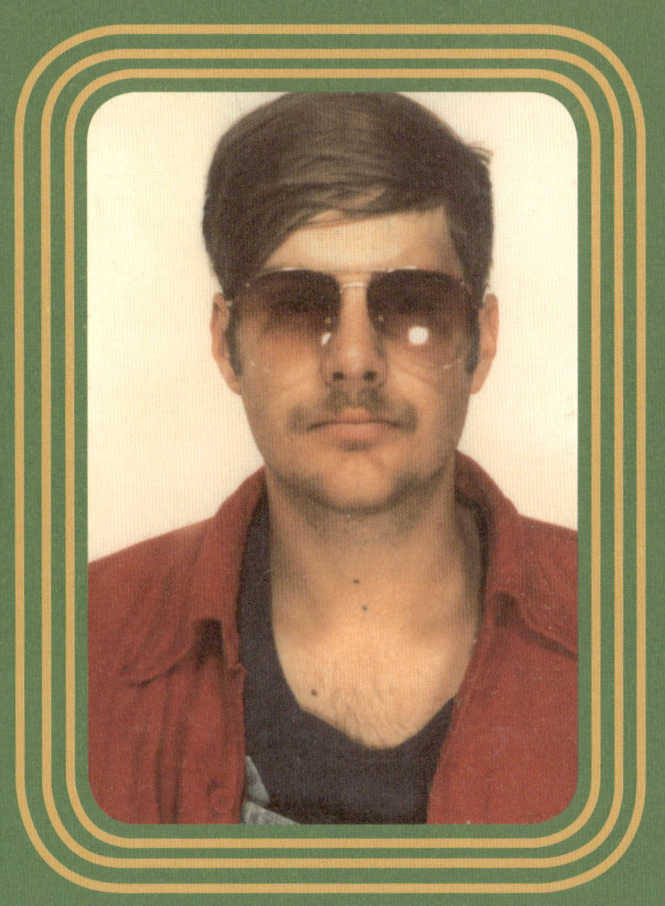

머리말

세상 모든 힙스터들에게
PBR★와 스키니 진이 동났다는 뉴스보다 더 안 좋은 소식이 있단다. 너는 진짜가 아니야.

맨 처음으로 빈정대는 문구가 프린트된 티셔츠를 입고, 스키니 진에 몸을 욱여넣고, 자전거를 타고, 영화를 찍고, 예술학교에 다니고, 세상사에 무심하고, 싸구려 맥주를 마신 사람이 너라고 여기고 싶어 한다는 걸 알아.

하지만 그렇지 않아.

너는 무의식중에 전설을 따라 하고 있었던 거야. 이제는 그들이 제대로 대접받아야 할 때지.

진짜 힙스터는 네 아버지였단다.

그들은 싸구려 맥주를 멋진 것으로 만들고, 픽시 자전거를 타고, 몸에 짝 달라붙는 스키니 진을 입고, 티셔츠 브이넥은 깊이 파여 있었지. 게다가 너는 상상도 못할 신나는 파티를 즐겼어. 그들은 힙스터라는 말이 생겨나기도 전에 힙스터였고, 이미 한참 전에 그런 건 또 진즉 때려치웠지.

★ Pabst Blue Ribbon, 힙스터들에게 인기 있는 라거 맥주.

네 아버지는
자신만의 스타일을 가진
사람이었어, 정말이야.

너의 덜떨어진 패션 대뇌피질로는 네가 꼬마였을 때
그가 간직했던 세련미를 이해하지 못하겠지. 그러니
무지몰각하게 아버지의 옛날 옷을 비웃거나 했지.
하지만 그는 그때 당시에도 옷을 어떻게 입어야
하는지 알고 있었어. 세심하게 조합한 옷을 걸치고
성적 매력을 발산하며 걸어다녔지. 네가 기껏해야
바지를 내려 입거나 옷을 거꾸로 입고 있었을 때도
네 아버지는 웃옷은 슈트를, 아래옷은 스키니를
입고 가장 참신한 옷차림으로 거리에 나섰지.
스트리트 스타일이이라는 게 생겨나기도 전에 이미
스트리트 스타일을 완성했다고. 언제나 말쑥하니
최고의 멋쟁이였어.

처커 부츠 Chukka Boots

네 아버지는 너보다 훨씬 예전에 데저트 처커
부츠를 신었어. 그의 낡은 부츠 가죽이 말해주지.
세계를 여행하던 그는 콜카타★ 노천에서 열린
벼룩시장에서 물물교환으로 처커 부츠를 손에
넣고 아프리카의 사파리를 돌아다니고 스위스
알프스 산을 올랐어. 웬만한 신발로는 네 아버지의
방랑벽을 버티기에 역부족이었지. 그렇기 때문에
처커 부츠처럼 편안하면서도 튼튼한 신발이
필요했어. 그리고 그 점잖은 외형은 그가 발 디뎠던
모든 외국 땅에서 만난 여주인의 호감을 사는 데
도움이 되었지.

그러니 힙스터들아, 다음에 네가
지저분하고 찢어진 리바이스 청바지에
빈티지 구세군 셔츠를 입고 처커 부츠
끈을 매고 있을 때는 이걸 기억하렴…….
너는 네 아버지의 처커 부츠를 신고
1킬로미터도 못 돌아다닐걸.

★ 인도 북동쪽의 도시.

니트 모자 Knit Hat

네 아버지는 너보다 훨씬 예전에 니트 모자를 멋들어지게 썼어. 마구 헝클어져 부푼 머리의 일부가 납작하니 눌린 모습이 말해주지. 추운 날씨에 걸맞은 돔 모양의 니트 모자는 냉랭한 패션계에도 영향을 미쳐, 한때 머리에 뒤집어쓴 양말이라고 놀림 받던 신세를 벗어나 런웨이의 필수품이 되었지.

> **그러니 힙스터들아**, 다음에 네가 한여름에 니트 모자를 쓰고 감지도 않아 지저분한 머리카락이 이마 쪽에 삐져나와 있을 때는 이걸 기억하렴……. 네 아버지는 스타일은 계절에 걸맞아야 한다는 규칙을 잘 아는 사람이야. 7월에 겨울 모자라니, 그는 날씨에 어울리는 옷차림을 무시한 벌로 네 머리에 씌워진 그 털모자를 손으로 쳐버릴걸.

추신. 네가 괜찮은 겨울 스타일이랍시고 머리에 쓰고 다녔던 건 헤드밴드겠지. 주변에 아직도 그거 하고 다니는 사람이 몇 명이나 있든?

보트 슈즈 Boat Shoes

네 아버지는 너보다 훨씬 예전에 톱 사이더를 신었어.* 티끌 하나 없이 새하얗게 관리된 밑창이 말해주지. 포세이돈에게 영감을 받은 듯한 산뜻한 신발은 신은 그는 시커먼 아스팔트 바다를 누비는 그야말로 육지의 선원이었어. 미끄러운 곳에서도 굳건히 서 있을 수 있는 이 신발 덕에 네 아버지는 바닥에 단단히 발을 딛고서 네 어머니가 위험천만하리만치 반질반질한 표면을 무사히 지나가도록 도와줄 수 있었지.

그러니 힙스터들아, 다음에 네가 보트 슈즈를 신고 바닥이 맥주에 젖어 번들거리는 술집 바닥에서 미끄러져 나자빠지지 않을 때는 이걸 기억하렴…….
너와 달리 네 아버지는 스페리의 톱 사이더에 꼭 양말을 신었단다. 왜냐면 여자들은 남자 발에서 부랑자처럼 고린내가 나는 걸 싫어하거든.

★ 현대적인 보트 슈즈는 1935년 스페리 사에서 처음 선보인 톱 사이더다.

사이클 모자 Cycling Cap

네 아버지는 너보다 훨씬 예전에 사이클 모자를 쓰고 다녔어. 땀으로 얼룩진 모자챙이 말해주지. 그 옛날 랜스 암스트롱이 투 딥two-deep★ 자전거를 타고 '벨로시티'가 아직 기준 속도만 뜻하던 시절에 네 아버지는 머리에 자전거 브랜드를 광고하고 다녔어. 성가신 모자챙을 젖히곤 해서 자전거에 껌뻑 죽는 여자들은 그의 레이저 같은 눈빛을 볼 수 있었지. 네 아버지는 거칠고 제멋대로인데다 두 다리로 페달을 돌릴 때마다 남자의 매력이 짙게 여운을 남기는, 굴러다니는 유혹 그 자체였지.

> 그러니 힙스터들아, 다음에 네가 자전거 안장에 앉아 '오리지널이 되기 위해 지나치게 애쓴' 듯한 모자를 쓰고 색깔이 화려한 챙 안쪽을 내보일 때는 이걸 기억하렴…….
> 네 아버지는 사이클의 왕이었고 모자는 그의 왕관이었단다.

★ 금속으로 만들어진 바퀴 테두리의 높이가 높은 것을 딥 섹션 휠deep section sheel이라고 한다.

커다란 선글라스 Big Sunglasses

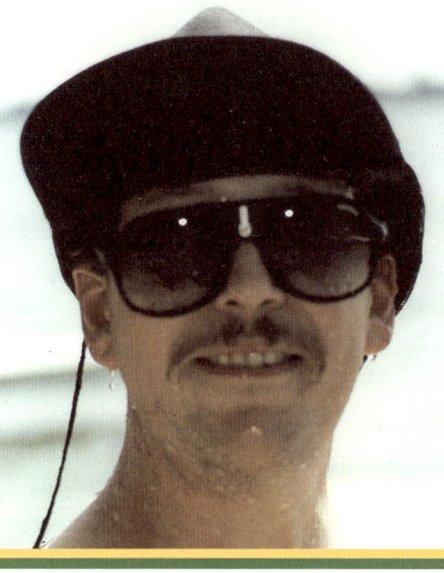

네 아버지는 너보다 훨씬 예전에 커다란 선글라스로 짜증나는 햇빛을 가렸어. 커다랗게 눈구멍 둘레만 빼고 탄 얼굴이 말해주지. 그는 이 차단막 덕분에 해변에서 다른 사람들에게 들키지 않고 마음대로 주변을 둘러볼 수 있었어. 여름의 추잡한 왕자처럼 그는 몰래 여자들의 엉덩이를 훔쳐봤지.

그러니 힙스터들아, 숙취로 충혈된 눈을 악랄한 태양 광선으로부터 보호하기 위해 플라스틱 테 선글라스를 쓸 때는 이걸 기억하렴……. 커다란 선글라스의 진짜 목적은 비키니를 입은 해변의 여인들이 엉큼한 시선을 불쾌해하며 뺨을 때리는 불상사를 막기 위한 것임을 네 아버지는 잘 알고 있었단다.

데님 반바지 Jorts ★

네 아버지는 너보다 훨씬 예전에 데님 반바지를 입었단다. 그의 다 해진 짧은 데님 반바지가 말해주지. 그는 삶의 흔적으로 만신창이가 된 청바지의 다리 부분을 잘라Reduce 스타일이 멋진 핫팬츠로 재탄생시켜Recycle 도로 옷장에 넣고 재활용했어Reuse. 그렇게 3R를 지키며 살았어. 한때 즐겨 입다가 낡아버린 바지들은 모두 반바지로 다시 태어나 새로운 삶을 살았지.

그러니 힙스터들아,
다음에 네가 열쇠와 자전거 자물쇠를 주머니에 넣고 픽시 자전거를 타도 다리를 움직이기에 불편하지 않은, 순전히 기능적인 이 데님 반바지를 입을 때는 이걸 기억하렴……. 네 아버지는 환경을 지키는 행동이 멋지다고 여겨지기 전부터 이미 환경을 지키는 데 일조하고 있었어.

★ jorts는 데님을 뜻하는 jean과 반바지를 뜻하는 shorts의 합성어.

콧수염 Mustaches

네 아버지는 너보다 훨씬 예전에 콧수염을 길렀어.
따스한 윗입술이 말해주지. 그가 직접 가꾼 이
얼굴 장식은 뭇 남성들의 선망을 불러일으키는
남성성의 표현으로, 남자들 사회에서 그의 최종적
지위를 결정해주었지. 얼굴에서 길을 잃은 두 마리
애벌레처럼 생긴, 그 코 아래의 피카소 작품을
보고 철물점이나 중장비 렌탈 업체, 목재 야적장
같은 곳에서는 할인도 해주었어.

그러니 힙스터들아, 모벰버★가
다가오면서 너의 애처로운 콧수염을
풍성해 보이도록 만든답시고
탈모방지제를 뿌리거나 검은색으로
염색할 때는 이걸 기억하렴…….
네 아버지는 너와 비교가 안 될 정도로
남성호르몬이 흘러넘쳤어. 그의 얼굴에
여전히 자리한 콧수염이 바로 그 증거야.

★ 남자들의 건강 인식 제고를 위해 11월에 열리는 자선행사로,
한 달 동안 콧수염을 깎지 않는다.

턱수염 Beards

네 아버지는 너보다 훨씬 예전에 턱수염을 길렀어.
몇 년간 햇빛을 보지 못한 그의 뺨이 말해주지.
이따금 숲속에서 유인원으로 오해받기도 했지만,
자고로 얼굴에 나는 털이란 억제되지 않는
남자다움의 표현이야. 턱수염 덕분에 네 아버지는
도끼질을 하기도 전에 나무를 쓰러뜨릴 수 있었고,
케블라★ 같은 강도로 총알을 막아내기도 했지. 네
아버지가 어떻게 어머니를 만났는지 알아? 바로
턱수염으로 어머니를 유혹했던 거야.

> **그러니 힙스터들아,** 다음에 네가 수염을
> 길러서 실제보다 더 사내답게 보이려고
> 할 때는 이걸 기억하렴······.
> 네 아버지는 남들에게 경외감을
> 불러일으키는 독창적인 턱수염을 가지고
> 있었단다.

★ 방탄복 등에 사용되는 듀퐁 사의 섬유.

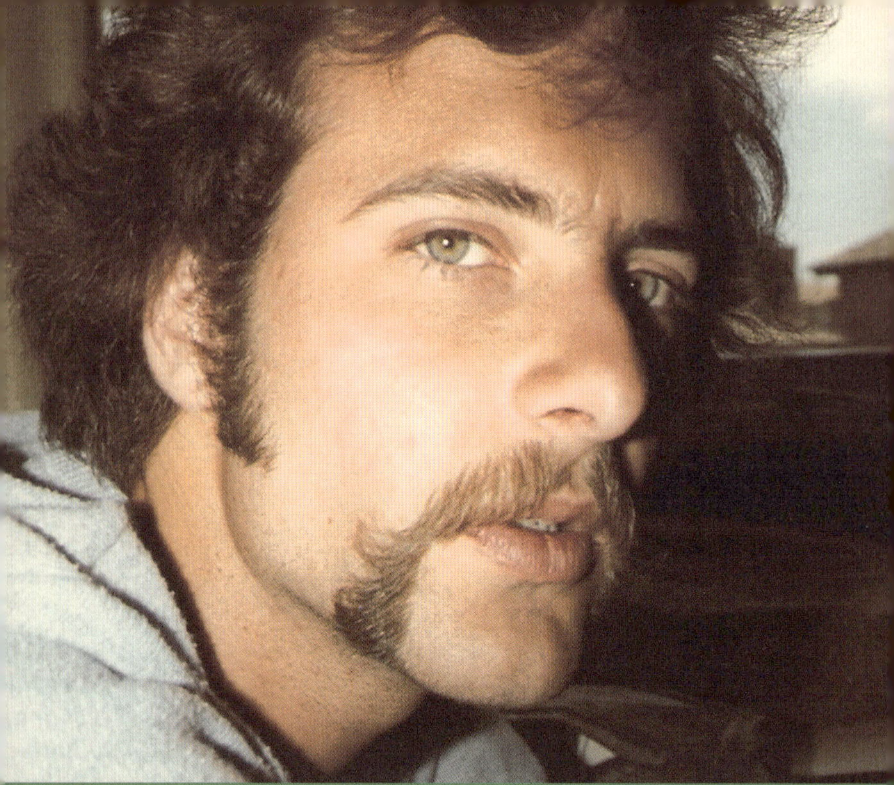

22

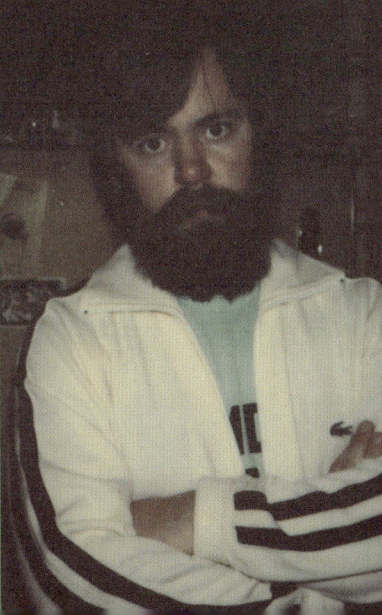

부스스한 머리 Unkempt Hair

네 아버지는 너보다 훨씬 예전에 부스스한 머리를 하고 다녔어. 엉클어진 머리털이 말해주지. 잠에서 깨어 막 침대에서 나온 듯한 모습이 패셔너블해지기도 한참 전부터 네 아버지의 머리카락은 자기 자신처럼 통제 불가능이었지. 그렇기 때문에 부스스한 머리모양을 만든답시고 40달러짜리 헤어 제품을 사용해가며 몇 시간째 좀스럽게 만지작거리지 않았어. 있는 모습 그대로 충분했으니까. 오토바이 폭주와 주먹다짐과 '그따위 신경 안 써!'라는 태도가 나머지 스타일을 완성해주었지.

> 그러니 힙스터들아, 다음에 네가 집에서 더러운 거울을 보며 그 솜털 같은 머리카락을 손질할 때는 이걸 기억하렴······.
> 네 아버지는 머리 덕분에 굉장히 위험천만한 인간으로 보였지. 네 아버지가 사람을 죽이고 도망친 게 틀림없다고 사람들이 생각할 정도였단다.

멜빵 Suspenders

네 아버지는 너보다 훨씬 예전에 멜빵을 사용했어.
단단히 고정된 네 아버지의 바지가 말해주지.
술집에서 양손에 버드와이저 맥주를 들고 양팔에
여자들을 끼고 있으려면, 흘러내리는 바지를 연신
추켜올리지 않아도 되도록 확실히 고정해줄 장치가
필요했거든.

그러니 힙스터들아, 다음에 네가
커피숍에서 아이폰을 갖고 놀다가
아미시 교도★를 비웃는 시선으로 보고
있을 때는 이걸 기억하렴…….
네 아버지는 에너지가 어마어마한
사람이라 옷을 멜빵 같은 것으로 몸에
꽁꽁 싸매두지 않으면 다 날아가버릴
정도였단다.

★ 현대 문명을 거부하고 소박한 농경생활을 하는 종교
집단으로 멜빵을 사용한 구식 정장을 입는다.

탱크톱 Tank Tops

네 아버지는 너보다 훨씬 예전에 탱크톱을 입었어. 어깨에 남은 햇볕에 탄 자국이 말해주지. 탱크톱은 무더운 여름에 상의를 입을까 말까 하는 고민 끝에 나온 어정쩡한 타협안으로, 데이지 듀크★처럼 입은 대학생의 그을린 엉덩이로 흘러내리는 땀줄기보다 더 여름을 대변하는 옷이었어. 그는 바우하우스의 진정한 추종자였고 그렇기 때문에 '과한 것보다 모자란 게 더 낫다'라는 라이프스타일을 추구하기 위해 여자들을 끌어들이는 자석인 이 탱크톱을 호리호리한 몸에 재빨리 걸치곤 했어.

> 그러니 힙스터들아, 다음에 땀에 젖은 탱크톱을 입고 밤새 파티에서 춤을 추면서 네 자신을 레이브 마니아라고 부를 생각이거든 이걸 기억하렴……. 네 아버지는 탱크톱 중에서도 최고의 탱크였어.
>
> 추신. 네 아버지는 가난했던 시절에도 오히려 고급 식품을 먹었단다. 이것 역시 너보다 먼저 그랬지.

★ 미국 드라마 〈듀크스 오브 해저드 The Dukes of Hazzard〉의 주인공. 항상 로우 컷 데님 반바지를 입었기 때문에 데이지 듀크는 로우 컷 데님 반바지를 뜻하기도 한다.

못생긴 스웨터 Ugly Sweaters

네 아버지는 너보다 훨씬 예전에 못생기고 웃긴 스웨터를 입었어. 당황스러우리만치 괴상한 스웨터 무늬가 말해주지. 못생긴 스웨터가 빌 코스비★라는 별칭으로 불리고 이런 옷을 주제로 파티들이 열리기도 전부터 네 아버지는 기계로 짠 이 영광스러운 스웨터를 입고 신나게 즐겼지.

그러니 힙스터들아, 다음에 네가 매년 크리스마스에 열리는 못생긴 스웨터를 주제로 한 파티에 입고 가려고 동네 중고 상점의 선반을 뒤지며 완벽하게 코스비 같은 스웨터를 찾고 있을 때는 이걸 기억하렴······.
네 아버지의 어마어마한 매력은 스웨터에도 먼저 스며들었으니, 너의 존재란 한때 위대함을 접했던 옷을 더럽히는 것에 지나지 않아.

추신. 스웨터+댄스파티=이건 너무 구려서 눈으로 보기도 전에 벌써 힙스터 냄새가 나는 거 같군.

★ 미국 코미디언. 시트콤 〈코스비 가족〉에서 패션에 별로 관심이 없는 평범한 미국 중산층을 대표하는 듯한 촌티 나는 스웨터를 입고 나왔다.

옆으로 빗어 넘긴 머리
Sideswept Hair

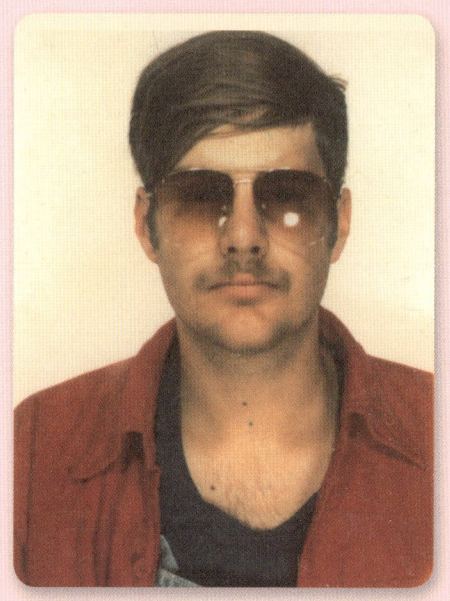

네 아버지는 너보다 훨씬 예전에 옆 가르마를 타고 머리를
반대쪽으로 빗어 넘긴 사이드스웹트 헤어를 시도했어. 앞머리가
말해주지. 순전히 타고난, 엉킨 머리모양은 그의 죽여주는 스타일의
핵심이었어. 최고로 매력적인 모습을 완성하기 위해 머리카락 한 올
한 올 세심하게 배치했지. 그것은 걸어다니는 머리 조각상이었고
그의 머리모양을 둘러싼 전설은 먼 곳까지 널리 퍼졌지.

    그러니 힙스터들아, 다음에 네가 몸에 문신이 잔뜩 있는
'헤어 조각가'를 찾아가, 머리 손질 가격인 40달러에
포함된 싸구려 맥주를 마시면서 요구사항을 세세하게
전달할 때는 이걸 기억하렴…….
네 아버지 때문에 촌스러운 머리모양 hair don't이 아니라
멋진 머리모양 hair do라는 말이 생겨난 거야.

스키니 진
Skinny Jeans

네 아버지는 너보다 훨씬 예전에 스키니 진에 다리를 욱여넣었지. 피가 잘 돌지 않는 다리가 말해주지. 물리 법칙을 거스르는 그의 청바지는 옆에 있는 여성보다도 그의 피부에 더 찰싹 달라붙었지. 의사는 청바지를 입은 넓적다리 위로 리드미컬하게 불룩거리는 동맥을 보면서 맥박을 잴 수 있었어. 바지 주머니에는 잔돈 몇 푼 말고는 아무것도 넣을 수 없었지.

그러니 힙스터들아, 다음에 네가 리바이스511★ 청바지에 다리를 밀어넣느라 낑낑거릴 때는 이걸 기억하렴…….
네 아버지가 입던 스키니 진은 아주 타이트해서 그에 비하면 네 511 청바지는 배기 진으로 보인단다.

★ 리바이스에서 나온 스키니 스트레치 청바지.

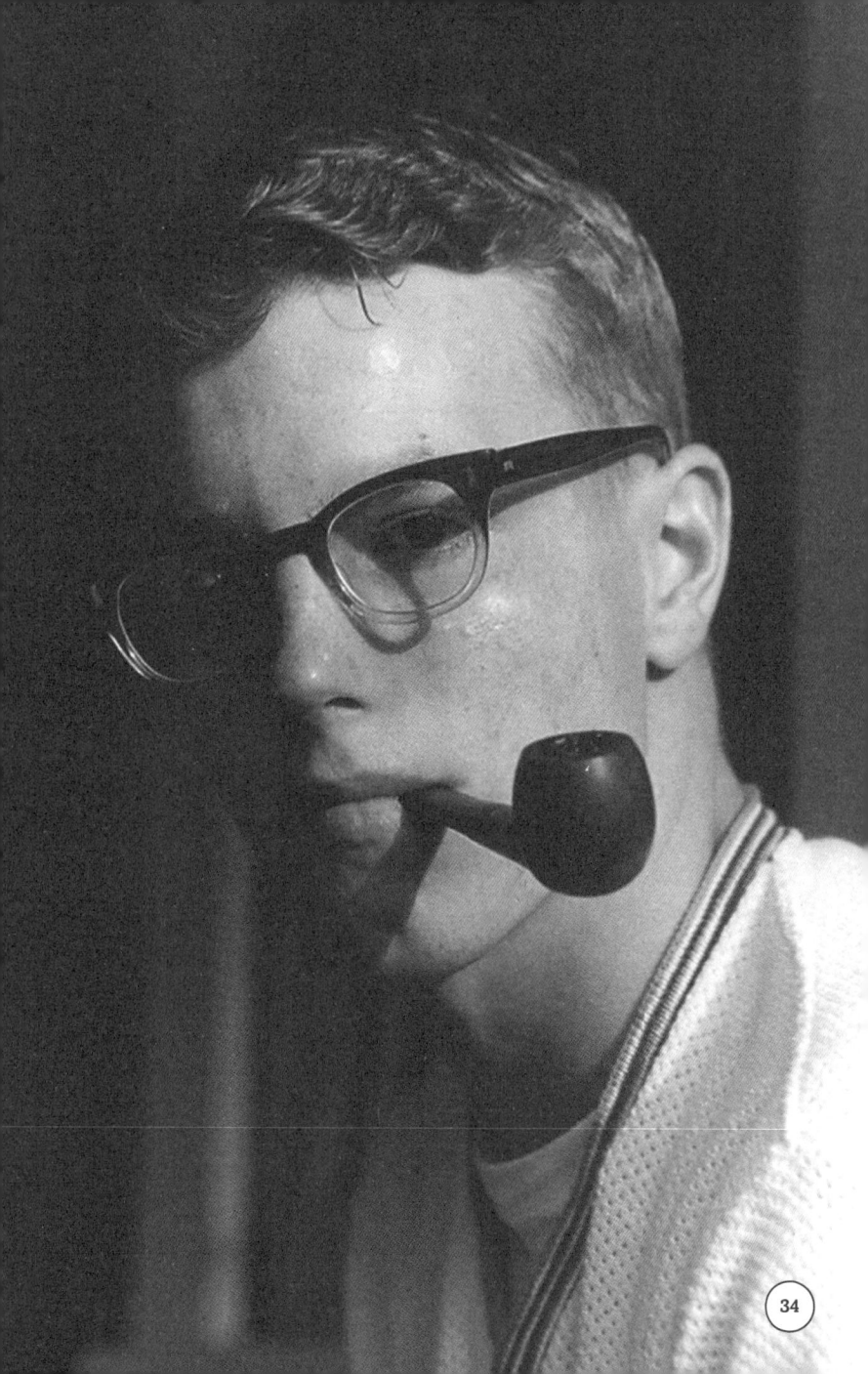

두꺼운 뿔테 안경
Thick-Framed Glasses

네 아버지는 너보다 훨씬 예전에 두꺼운 뿔테 안경 너머로 세상을 봤단다. 그의 나쁜 시력이 말해주지. 기능적이면서 패셔너블한데다 성적 매력까지 덤으로 따르는 뿔테 안경은 세상을 또렷이 보여주어서 그가 인생을 거침없이 헤쳐나가게 해주었지. 뿔테 안경은 네 아버지에게 박사 학위로도 얻을 수 없는 지적인 분위기를 선사했어.

그러니 힙스터들아, 너의 완벽한 시력은 안경이 하등 필요 없겠지만, 와비 파커스★에서 구입한 빈티지 스타일의 뿔테 안경을 써보려고 할 때는 이걸 기억하렴……
네 아버지는 진짜로 시력이 나빠서 그 안경을 썼던 거야.

★ 미국의 안경 브랜드.

좁은 넥타이
Skinny Ties

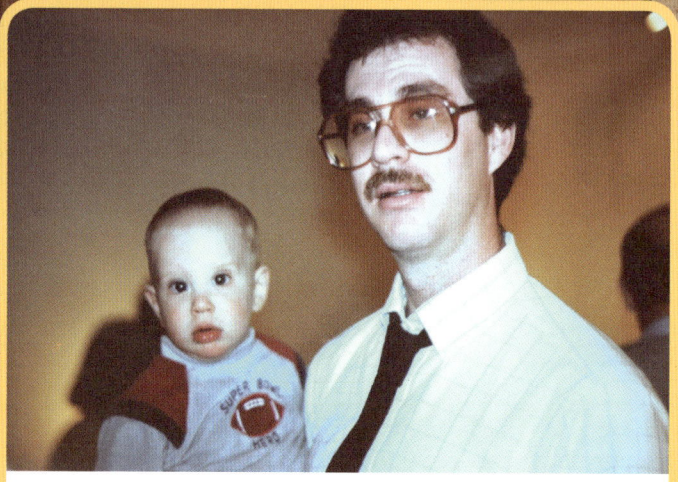

네 아버지는 너보다 훨씬 예전에 좁은 넥타이를 매고 다녔어. 연필처럼 가늘어 보이는 낮은 칼라가 말해주지. 그의 버튼 가리개★는 그저 독특한 패션 아이템이 아니라, 여자들이 그의 목을 잡아끌며 자신의 아파트로 데려갈 때 효과적인 연인들의 목줄이기도 했어.

그러니 힙스터들아, 네가 인디 록 공연에 가는 복장의 마무리로 연줄처럼 가는 넥타이를 목에 두르고 작디작은 매듭을 짓고 있을 때는 이걸 기억하렴……. 지금도 네 아버지는 네가 얼간이 짓거리를 하고 있을 때 손을 뒤로 해서 포인핸드 매듭♠을 묶듯이 손쉽게 너를 혼쭐낼 수 있지.

★ 넥타이를 가리킨다.
♠ 넥타이 매듭법 중 하나.

컬러풀한 가짜 레이밴 선글라스
Colored Knockoff Ray-Bans

네 아버지는 너보다 훨씬 예전에 네온 색 선글라스를 쓰고 다녔어. 10달러짜리 가짜 레이밴 선글라스가 말해주지. 형광펜이 눈구멍을 빙 둘러싼 것처럼 생긴 이 선글라스는 대단히 멋져서 군중 속에서도 네 아버지는 눈에 확 띄었지. 모두가 강줄기를 거슬러 올라갈 때 물의 흐름을 따라 헤엄쳐 내려오는 연어였던 셈이지.

그러니 힙스터들아, 다음에 네가 주유소에서 구입한 라임빛 녹색이나 보라색, 밝은 오렌지색, 분홍색 선글라스를 쓰고 작열하는 태양빛에 짜증을 내고 있을 때는 이걸 기억하렴……. 너는 그저 군중 속에 묻혀 서 있는 사람이지만 네 아버지는 군중 속에서도 두드러졌단다.

깊은 브이넥 티셔츠 Deep Vs

네 아버지는 너보다 훨씬 예전에 깊은 브이넥
티셔츠를 입고 다녔어. 깊게 파인 칼라가 말해주지.
브이넥 사이로 보이는 그의 가슴털은
파리지옥풀처럼 여자들의 시선을 사로잡았고,
그 시선은 루이지애나의 여름보다도 뜨거웠지.

> **그러니 힙스터들아,** 다음에 네가
> 아메리칸 어패럴에서 나온 네온 색
> 브이넥 셔츠를 입을 때는 이걸
> 기억하렴······.
> 네 아버지는 여성에게 "내 눈은 여기
> 가슴에 달렸어요"라고 말할 수 있는
> 유일한 남자야.

중고 상점 Thrift Stores

네 아버지는 너보다 훨씬 예전에 중고 상점을 뒤지고 다녔어. 팔꿈치에 가죽을 덧댄 3달러짜리 트위드 오버코트를 샀던 게 말해주지. 얌전하게 사용되다 버려진 패션의 기억들이 쌓여 있는 지하층을 누비면서 그는 중고품으로 새로운 패션을 만들어냈고, 부자들이 내다버린 옷을 세금 한 푼 내지 않고 헐값에 손에 넣어 말쑥하니 차려입었어. 그 당시 네 아버지는 결코 부자가 아니었지만 중고품들 사이에서 보석을 알아보는 능력은 그를 평소 필레 미뇽을 먹는 사람처럼 보이도록 해주었어.

그러니 힙스터들아, 자선단체의 동네 중고 상점에서 재치 넘치는 문구가 쓰인 완벽한 빈티지 티셔츠를 찾아 냄새를 맡고 돌아다니고 있을 때는 이걸 기억하렴…….
네 아버지는 중고 분야에서 최고였어.

추신. '상대를 진정으로 알기 위해서는 그 사람의 신발을 신고 1킬로미터를 걸어봐야 한다'는 이야기가 있는데 이 말이 중고 상점에서 그 사람이 신던 신발을 사야 한다는 뜻은 아니야.
미안, 그건 역겹잖아.

가죽 재킷 Leather Jackets

네 아버지는 너보다 훨씬 예전에 가죽 재킷을
입었지. 그가 가진 동물 가죽 재킷이 말해주지.
그는 자신의 트로피 재킷★을 위스키 얼룩과 다른
사람의 피, 시속 200킬로미터로 달리는
오토바이에 부딪치는 바람으로 길을 들였지.
그리고 자신의 등을 덮고 있는 동물의 희생된
영혼과 동류의 영혼을 가지게 되었단다. 똑같이
그도 거칠고 길들여지지 않았기 때문이지.

> **그러니 힙스터들아,** 다음에 네가 인조
> 가죽에 푹 빠진 주제에, 딱히 별 노력을
> 기울이지 않는 척하려 갖은 애를 쓰고
> 있을 때는 이걸 기억하렴⋯⋯.
> 네 아버지는 짐승 중에 짐승이었어.

★ 벨스타프 사의 모터사이클용 가죽 점퍼.

운동용 헤드밴드 Sweatbands

네 아버지는 너보다 훨씬 예전에 헤드밴드를
사용했어. 뽀송뽀송하게 말라 있는 눈썹이
말해주지. 그의 존재 자체에서 쏟아져 나오는
어마어마한 에너지를 이마에 두른 샘와우★가
빨아들여서, 지하에서 한창 공연을 할 때도
흘러내린 땀에 시야가 흐려지는 법이 없었지.

그러니 힙스터들아, 은근히 리치
테넌바움♠처럼 보이고 싶은 마음에 기름
낀 머리 위로 테리 직물♣로 만든 밴드를
눌러쓸 때는 이걸 기억하렴······.
헤어밴드를 착용한 네 아버지는 당장
누군가의 엉덩이를 걷어찰 기세로 보일
만큼 목적을 충분히 달성했지만, 네
머리의 헤드밴드는 그저 에어로빅이나
하려는 것처럼 보여.

★ 흡수력이 뛰어난 다용도 타월 제조업체.
♠ 영화 〈로열 테넌바움〉의 주인공. 항상 헤드밴드를 하고 있다.
♣ 수건처럼 수분 흡수가 뛰어난 직물.

페도라 Fedoras

네 아버지는 너보다 훨씬 예전에 머리에 페도라를
얹고 다녔어. 남성 복식에서 최고로 멋진 아이템이
뭔지 아는 거지. 친구들이 진홍색 글자가 수놓인
야구 모자를 쓰고 다니는 아이큐 75처럼 보일 때도
네 아버지는 실제로 자신이 그렇듯 지적으로
보이는 모자를 고집했어. 모자로 대신 의사를
표현할 수도 있었지. 매력적인 여성에게 모자 끝을
잡으며 인사를 건네거나 모자를 정돈하면서
얼빠진 놈들을 피하는 식으로.

> **그러니 힙스터들아**, 다음에 네가 비니가
> 아닌 다른 것으로 머리를 꾸며볼 생각이
> 들걸랑 이걸 기억하렴……
> 네 머리통은 네 아버지의 스타일을 따라
> 하기에는 너무 커.

보타이 Bow Ties

네 아버지는 너보다 훨씬 예전에 보타이로 산뜻한 모습을 연출했단다. 그는 여전히 막힘없이 보타이의 매듭을 묶을 수 있지. 매듭에 네 목이 조여 목구멍으로 담배 연기가 새어나오지 못하게 만들 수도 있을걸. 네 아버지는 패션에 대해서라면 꿋꿋한 그야말로 사무실의 007이었지. 아버지가 대담하게 보타이를 푸는 모습에 비하면 대부분의 남자들은 온실 속에서 자란 샌님에다 복장은 여자들이 질색하는 폭탄 그 자체였어. 하지만 네 아버지는 달랐지. 칼라를 고정해주는 우아한 주름 하나하나가 그를 GQ 잡지에 나올 법한 패션 엘리트 중에서도 최상의 말쑥한 남자로 확고히 등극시켰지.

그러니 힙스터들아, 다음에 네가 이 패션 액세서리 사용법이 루빅스 큐브만큼이나 어려워 씩씩대며 유튜브에서 '보타이를 매는 법'을 찾아보고 있을 때는 이걸 기억하렴······.
네 아버지는 목에 매듭을 짓는 이 게임에서 승리했지만, 너는 언제나 고작 클립으로 보타이를 칼라에 부착하는 수준을 벗어나지 못한다는 걸.

데님 재킷 Jean Jackets

네 아버지는 너보다 훨씬 예전에 데님 재킷을 입었어. 캐나디안 턱시도★가 말해주지. 그의 다리가 먼저 알아차린 것을 상체도 이내 깨닫게 되었던 거지. 오직 데님만이 네 아버지의 태즈메이니아 데블♠ 같은 라이프스타일에도 견딜 튼튼한 천이라는 사실을. 그렇게 아래위를 온통 데님으로 입고는 양팔을 기관총처럼 휘두르고 살다보니, 새 옷을 장만하는 바람에 어쩔 수 없이 스타일이 망가질까봐 걱정할 필요가 없었지.

그러니 힙스터들아, 네가 반항적인 패치를, 그것도 기껏 상업적으로 판매하는 것을 사서 달 만한 적당히 닳은 중고 겉옷을 찾아다닐 때는 이걸 기억하렴…….
네 아버지의 데님 재킷은 피와 기름, 술집에서 싸운 흔적으로 뒤덮였기 때문에 그런 멍청해 보이는 자수 패치 따위는 필요 없었단다.

★ 데님 재킷과 데님 바지를 함께 입는 것을 가리킨다. 영화 〈와일드 패트롤〉을 통해 대중적인 용어가 되었다.
♠ 오스트레일리아 태즈메이니아 섬에 사는 곰과 너구리 비슷하게 생긴 동물.

여성복 Women's Clothes

네 아버지는 너보다 훨씬 예전에 여자친구의 옷을 입었어. 옷이 작아서 맨살이 드러난 배가 말해주지. 가슴이 납작한 열네 살 여자아이로 보이던 그는 웬만한 놈은 다 때려눕히는 터프하기 짝이 없는 영계였어. 시력이 안 좋은 건설 노동자들이 휘파람을 불었다간 답례로 눈 주위에 주먹으로 시퍼런 아이섀도를 칠해주었지. 한번은, 할리우드 서쪽의 어두컴컴한 술집에서 스티븐 타일러★가 눈이 풀린 네 아버지에게 술을 한 잔 보낸 적도 있어. 뒷이야기는 〈Dude Looks like a Lady〉라는 곡을 들어봐.

> **그러니 힙스터들아,** 다음에 네가 최고로 멋진 바지를 찾아 여자친구의 옷장을 뒤지거나, 리바이스에서 헤어진 여자친구가 입던 청바지와 같은 제품을 사려고 할 때는 이걸 기억하렴……. 네 아버지는 여자 바지 속에 들어가고 싶다고 해서♠ 여자 바지를 진짜로 입을 필요는 없었어.

★ 록 그룹 에어로스미스의 보컬.
♠ 여자와 사귄다는 의미도 있다.

꽁지머리 Mullets

네 아버지는 너보다 훨씬 예전에 꽁지머리를
고수했어. 뒷머리 끝이 말해주지. 날라리 같은 긴
머리가 회사 생활을 하기에 부적합하다는 말을
들었을 때 그는 앞쪽은 정규직 회사원처럼 자르고
뒷머리는 농담으로 남겨두었어. 당시에는 자신의
행동이 다중인격을 나타내는 최초의 헤어스타일을
탄생시켰다는 사실을 결코 깨닫지 못했지.

그러니 힙스터들아, 다음에 네가 머리
윗부분을 짧게 깎고, 양옆을 면도기로
다듬고, 뒷머리는 빌보드 톱 20 차트에
오른 곡이라도 되는 듯 무시하고서 그걸
'유럽' 스타일이라고 주장하려 할 때는
이걸 기억하렴…….
네 아버지가 만들어낸 머리모양은
엄청난 영향을 미쳤어. 미국에 놀러왔던
유럽인들이 그 머리모양을 보고
모방해서 해외에서 인기를 끌었고,
나중에는 미국인들이 다시 모방하기에
이르렀지.

플라넬 셔츠 Flannel

네 아버지는 너보다 훨씬 예전에 플라넬 셔츠를 입었어. 그의 펜들턴 셔츠가 말해주지. 남성성의 측면에서 보자면 폴 버니언★과 브로니 맨♠이나 상대가 되었던 네 아버지는 숲의 남자였고, 애정을 갖고 모은 고급 모직 셔츠들은 벌목공들의 꿈이라 부를 수 있을 정도였어. 셔츠마다 소나무 향이 배어 있고 통나무를 가르는 힘찬 도끼질을 통해 길을 들였으니까.

그러니 힙스터들아, 다음에 네가 거친
황무지의 남자처럼 보이려 해도
그렇기는커녕 딱히 아이러니한 뉘앙스도
없는 알 볼런드♣로 보이기만 할 때는 이걸
기억하렴…….
플라넬은 네 아버지의 이미지로부터
만들어진 거야.

추신. 산불 방지 마스코트 곰인 '스모키'는
네 아버지가 시가를 다 피울 때까지 불을
끄라고 해선 안 된다는 걸 참 힘들게
배웠지.

★ 미국 전래동화 속 거인 벌목공. 덥수룩한 수염에 작업화와 면바지, 멜빵, 빨간색 플라넬 셔츠 차림인 전형적인 벌목공의 모습으로 표현된다.
♠ 신화 속 괴력의 벌목공.
♣ 미국 시트콤 〈아빠 뭐하세요? Home Improvement〉의 등장인물인 무뚝뚝한 배관공. 언제나 플라넬 셔츠를 입고 있다.

후드티 Hoodies

네 아버지는 너보다 훨씬 예전에 후드를 머리에
쓰고 다녔지. 아버지가 지금도 간직하고 있는
후드를 보면 한때 왜 경찰이 연쇄폭탄테러범
유나바머로 오인했는지 그 정황을 알 수 있어.
후드를 푹 뒤집어쓰고 끈을 묶으면 그는 마치
가게에서 물건을 훔치거나 건물 벽에 스프레이로
낙서를 하거나 보석금을 내고 막 풀려난, 수염이
덥수룩한 사회에 위협적인 존재로 보였지. 하지만
사실 네 아버지는 그저 추웠을 뿐이야.

그러니 힙스터들아, 다음에 네가
공정무역 원두를 프렌치 프레스로 내린
커피를 마시면서 맥주 때문에 생긴
뱃살과 잠에서 깬 지 얼마 안 되어
까치집인 머리를 후드티로 감추려 할
때는 이걸 기억하렴…….
네 아버지는 후드티를 입으면 불온한
기운을 풍겼지만, 너는 그저 집으로 가는
길을 잃어버린 꼬마처럼 보일 뿐이야.

아메리칸 어패럴
American Apparel

네 아버지는 너보다 훨씬 예전에 아메리칸 어패럴의 옷을 입었어. 그가 입고 있는 무지 티셔츠가 말해주지. 그는 자기 자신 말고는 어떤 브랜드도 대변하지 않는 단색의 매드맨★이었어. 그는 모든 팬톤 넘버를 꿰고 있었고, 그의 서랍장을 열어보는 것은 패션 센스라는 만화경을 들여다보는 것과 다름 없었지.

그러니 힙스터들아, 다음에 네가 슬레이 벨스♠의 음악이 흘러나오는 매장 탈의실에서 거울을 보며 짐짓 무심한 척 멋지게 보이려 애쓸 때는 이걸 기억하렴…….
네 아버지는 수많은 너희들이 베이직한 옷을 사려고 찾는 그 브랜드에 영감을 준 장본인이야.

추신. 그런데 수많은 사람들이 같은 매장에서 물건을 산다면, 그건 이미 주류라는 뜻 아닌가?

★ 미치광이라는 뜻과 함께 1960년대 뉴욕의 광고인들이 스스로를 일컫던 호칭이기도 하다.
♠ 뉴욕 브루클린 출신의 노이즈 팝 듀오.

피코트 Peacoats

네 아버지는 너보다 훨씬 예전에 피코트를 입었어. 옷에 달린 앵커 단추가 말해주지. 네가 섹스어필한 해군 물품을 사려고 군용품 가게에 들르기 아주 오래전, 그는 감색 모직 코트를 유행시켰어.

그러니 힙스터들아, 다음에 네가 아메리칸 스피릿 담배를 피우며 추운 날씨 따위 아랑곳 않는 듯, 어디서 훔친 것 같은 스타일의 코트 옷깃을 세울 때는 이걸 기억하렴…….
네 아버지가 추위 속에서도 더워 보였던 이유는 바로 그 자신에게 있단다.

추신. 턱수염을 기른 뚱뚱한 힙스터들이 피코트를 입으면 패딩턴 베어처럼 보이지 않나?

밀리터리 재킷 Military Jackets

네 아버지는 너보다 훨씬 예전에 밀리터리 재킷을 입었단다. 군번줄도 가지고 있지. 그는 위장복을 입고 백 미터도 넘게 떨어진 목표물을 향해 정확히 붐스틱★의 총알을 날릴 수 있는 저격수였어. 고도의 감각과 전술적으로 훈련된 두뇌를 지닌 그는 전투 교육을 응용해 네가 어릴 때 못된 짓을 하면 단번에 알아차렸지.

그러니 힙스터들아, 다음에 네가 새롭게 아이러닉한 방식으로 옷을 입으려고 할 때는 이걸 기억하렴…….
스타일에 있어 장군이나 다름없던 네 아버지에 비하면 너는 그저 이등병일 뿐이야.

★ 레밍턴 샷건.

튜브 삭스 Tube Socks

네 아버지는 너보다 훨씬 예전에 튜브 삭스를 신었어. 스트라이프 무늬를 보면 알 수 있지. 그는 흔히 속옷으로 여겨지는 것도 멋진 패션 아이템이 될 수 있음을 보여준 최초의 인물이지. 스키니 진의 목이 긴 양말 버전인 튜브 삭스를 신고 있으면, 삶을 당당히 헤쳐나가는 아버지를 쓰러뜨리려고 찬바람이 정강이를 사정없이 때려도 전혀 끄떡없었지.

그러니 힙스터들아, 다음에 네가 영화 〈주노〉에 나오는 마이클 세라 스타일★을 완성하려 할 때는 이걸 기억하렴…….
네 아버지는 네가 기저귀를 끌어올리기 훨씬 전부터 튜브 삭스를 끌어올렸어.

★ 헤드밴드에 노란 반바지, 튜브 삭스 등 틀에 박힌 듯한 고등학생 스포츠웨어 복장으로 등장한다.

멤버스 온리 점퍼
Members Only Jackets

내 아버지는 나보다 훨씬 예전에 멤버스 온리★ 점퍼를 입었어. 한 달 전 부모님 집에 갔다가 바로 그 옷을 발견했지(진짜로 그의 현관 옷장 안 가죽 재킷 옆에 걸려 있었어). 그야말로 '스왜그swag'한, 그가 속한 이 비밀 결사는 스키니 진, 불량한 태도, 두꺼운 콧수염 등으로 알려졌지. 음모론자들의 믿음과 달리, 세상을 지배하는 것은 프리메이슨도 일루미나티도 스컬 앤드 본즈도 아니야. 바로 이 '점퍼를-입은-남자들의-모임'이지. 그들이 대통령을 만들어내고, 경제를 컨트롤하고 있어. 그리고 바로 그들이 내게 스케이트 타는 법을 알려주기도 했지.

그러니 힙스터들아, 다음에 네가 인디 음악을 들으며 윌리엄스버그를 돌아다닐 때 진짜 '멤버'인 양 점퍼를 입어 드러내려 한다면 이걸 기억하렴······. 멤버스 온리 재킷은 네 아버지가 입고 있을 때는 단지 폼을 잡으려는 게 아니라 실제로 다른 뭔가를 상징하는 것이었단다.

★ 1975년 뉴욕에서 생겨난 패션 브랜드. 레이서 재킷 등이 1980년대 미국에서 사회현상에 비견될 만큼 선풍적인 인기를 끌었다.

힙스터 아이 Hipster Offspring

네 아버지는 네가 자라 힙스터가 되기도 전에 너를 힙스터로 만들었어. 직접 골라 입힌 유아복을 보면 알 수 있지. 유아용품 중고 상점에서 새것이나 다름없는 물건을 골라 가장 멋진 기저귀 커버를 채우면서 그는 네가 유아용 변기를 쓰기도 전부터 패션 센스를 양육하고 있다고 생각했지. 우스울 정도로 커다란 멤버스 온리 점퍼, 어린아이용 레이밴 선글라스, 레깅스, 그리고 물론 니트 모자까지 그는 언제나 당신의 아이를 힙스터 스트리트 쿠튀르의 가장 아이러니한 작은 버전으로 만들었다고 확신했어.

그러니 힙스터들아, 다음에 네가 중고 상점의 탈의실에서 거울에 비친 네 모습을 뜯어보며 옷을 제대로 골랐는지 고민될 때는 이걸 기억하렴……. 고민하지 말고 아버지에게 전화해서 물어봐. 네가 어릴 적 놀이터에서 최고로 멋쟁이였던 건 아버지 덕분이니까.

네 아버지는 정말
엄청난 사람이었어……

진실 : 네 아버지는 그 시절에 정말 엄청났어.

그는 네가 하는 것을 이미 다 했고 게다가 훨씬
멋있었어. 그의 인생 이력서는 꿈같은 소설과 다를
바가 없지. 네 아버지는 힘주어 차려입는 옷차림은
자연스럽게, 편안한 옷차림은 손쉽게 선보였기
때문에 모던한 르네상스 맨도 그 옆에 있으면
재능이 없어 보였어. 그렇다고 그가 트렌드세터는
아니었지. 그저 당신의 삶의 방식을 통해 세상을
바꾸는, 전 세계에 영향을 끼치는 그런 사람이었어.

영화 제작 Filmmaking

네 아버지는 너보다 훨씬 예전에 영화를 만들었어. 네 어머니가 출연한 영화가 말해주지. 홈무비계의 스탠리 큐브릭★이라 할 그의 대표작으로는 기념비적인 다큐멘터리 〈아이의 첫걸음〉과 〈1985년 크리스마스〉, 대흥행한 〈해프닝 모음: 야구의 반격〉이 있지. 비록 할리우드 영화의 마약 같은 수준에 도달하지는 못했지만 그의 영화는 당장 오늘이라도 집의 비디오 플레이어로 절찬리에 상영될 수 있어.

> 그러니 힙스터들아, 다음에 네가 플립 카메라로 HD비디오를 찍거나 혹은 네가 찍은 형편없는 느와르 영화를 아이무비iMovie로 편집하고 있을 때는 이걸 기억하렴……. 네 아버지는 지금도 손목을 휙 움직이며 네 엉덩이를 크로스페이드♠ 할 수 있단다.

★ 〈2001 스페이스 오디세이〉 〈샤이닝〉 등을 만든 거장 영화감독.
♠ 페이드인과 페이드아웃을 동시에 쓰는 영화 기법.

모터사이클 Riding a Motorcycle

네 아버지는 너보다 훨씬 예전에 카페 레이서★였어. 오토바이 고무 타이어가 도로에 남긴 흔적이 말해주지. 그는 가솔린을 먹은 혼돈의 120데시벨로 반항적인 외침을 대신했어. 두 바퀴로 무장하고 반항적인 옷을 입은 그는 전국을 누비며 가는 곳마다 고막이 울리는 굉음으로 자신의 방문을 알렸지. 그는 바이크를 사랑했고 네 어머니도 마찬가지였어. 네 아버지가 스로틀을 당겨 안장으로 엔진의 울림이 전해질 때마다 뒤에 앉은 네 어머니는 환희의 고성을 내질렀지.

그러니 힙스터들아, 다음에 네가
모터 달린 픽시 자전거 안장에 앉을 때는
이걸 기억하렴…….
오토바이를 탈 때 네 자리는 앞으로도
항상 아버지 뒤일 거야.

★ 1960년대 영국에서 시작된 오토바이의 스피드와 핸들링을 즐기는 서브컬처.

78

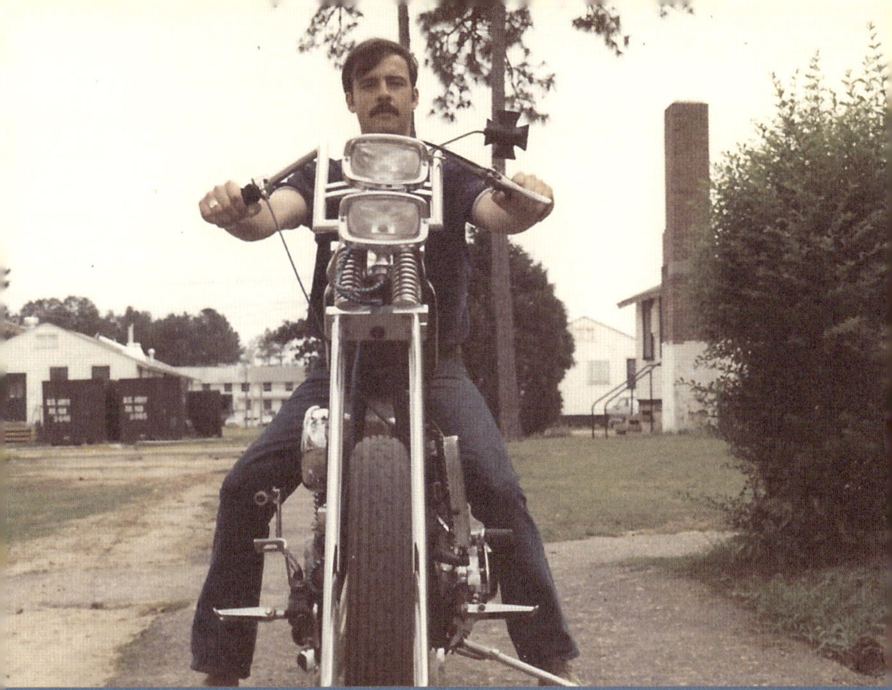

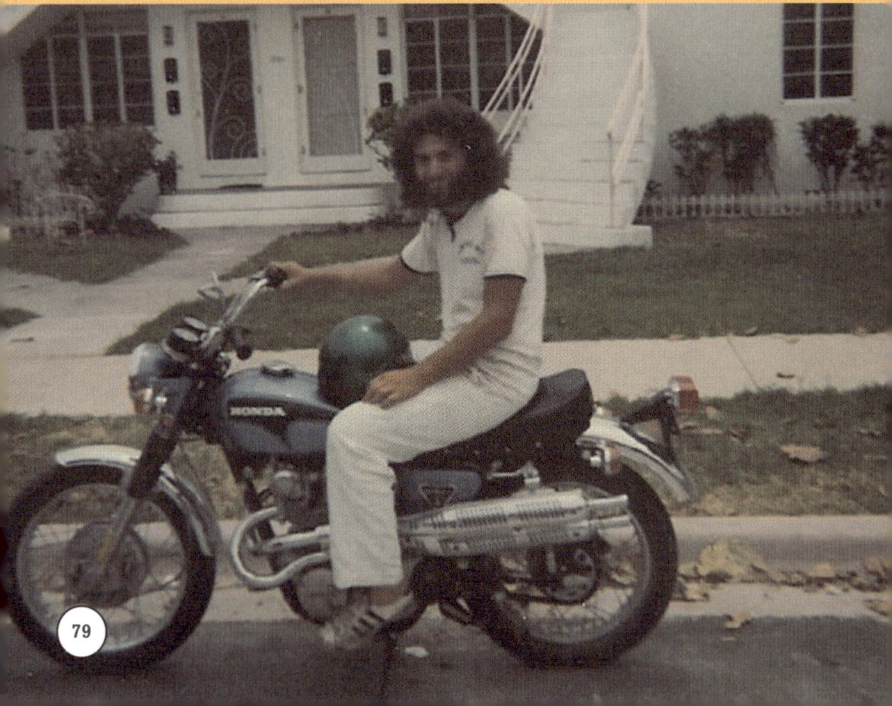
HONDA

항해 Sailing

네 아버지는 너보다 훨씬 예전에 항해에 나섰단다.
그의 선장 모자가 말해주지. 바다의 픽시 자전거에
올라탄 그는 주먹싸움을 하듯 거칠게 요트를
몰았고 배가 지나간 자리에는 시퍼렇게 멍든
눈처럼 흔적을 남겨놓았지. 포세이돈에게 진정한
바다의 왕은 자신이라고 상기시키는 의미로.
대서양의 바람은 그의 여주인이었지. 하지만 네
어머니만이 그의 돛을 올릴 수 있는 유일한
여성이었지.

그러니 힙스터들아, 다음에 네가 파란
스트라이프 셔츠를 사려고 할 때는 이걸
기억하렴…….
너는 진정한 선장이자 지휘관인 네
아버지에 비하면 그저 갑판원에 지나지
않아.

사진 Photography

네 아버지는 너보다 훨씬 예전에 사진을 찍었어. 그래서 망원렌즈도 가지고 있지. 그는 한 손으로 네 어머니의 브래지어 끈을 풀면서 동시에 다른 한 손으로 노출을 맞출 수 있었어. 마치 무기 대신 35밀리 필름을 사용하는 닌자처럼, 그는 숨을 참고, 자신의 몸을 완벽히 트라이포드로 활용할 수 있을 정도로 손을 떨지 않았지. 그리고 외과의사 같은 정밀함으로, 순간을 포착해 영원으로 만들기 위해 셔터를 눌렀어.

그러니 힙스터들아, 다음에 네가 여자친구의 스냅 사진을 찍거나, 혹은 DSLR를 자동 모드로 설정해놓고 네 친구들을 형편없이 찍고 있을 때는 이걸 기억하렴……. 네 아버지는 카메라 조리개를 다루는 세계에서도 알아주는 알파 독★이었단다.

추신. 네가 채식주의자를 위한 간장소스 어쩌구저쩌구를 먹기 전에 사진을 찍는 데 아이폰 어플의 어떤 렌즈, 플래시, 필름 효과를 썼는지 아무도 관심 없으니까 제발 페이스북에 끔찍한 사진 좀 그만 올려.

★ 가장 카리스마가 강한 리더.

커다란 헤드폰 Big Headphones

네 아버지는 너보다 훨씬 예전에 커다란 헤드폰으로 음악을 들었어. 그래서 이제는 네가 뭐라고 말하는지 잘 듣지 못해. 그의 음악용 귀마개는 세상을 조용하게 만들고 잡음을 차단해주는, 선택적 청취 기기였어. 커다란 헤드폰 덕분에 그는 고막이 찢어질 듯한 네 목쉰 비명소리에 방해받지 않고 지미 페이지★의 폭주하는 기타 솔로를 들을 수 있었지. 베토벤도 네 비명을 듣느니 차라리 내내 귀머거리로 있길 원했을 거야.

그러니 힙스터들아, 다음에 네가 엉망인 코드 진행을 따라 누군가 징징거리는 노래를 헤드폰으로 들으면서 네가 만든 엉망진창인 그래픽 디자인에 형편없는 타이포그래피를 넣고 있을 때는 이걸 기억하렴…….
네 아버지가 듣던 음악은 진동이 어마어마해서 이어버드♠ 따위로는 제대로 전달되지도 못해.

★ 록 그룹 레드 제플린의 기타리스트.
♠ 아이폰의 번들 이어폰.

미술 Art

네 아버지는 너보다 훨씬 예전에 화가였어. 그는 지금도 붓질하는 테크닉을 기억하고 있지. 창조성을 남김없이 들이마시고 물감의 시너 냄새에 취한 채 그는 탁월한 색채와 붓놀림이 결합된 작품을 창조해냈지. 그 붓놀림은 밥 로스★마저도 그림을 포기하게 만들 정도로 뛰어났어. 그는 무명 예술가들의 세계에서 '인디' 반 고흐이자 회화계의 지미 헨드릭스였어.

그러니 힙스터들아, 다음에 네가 교양예술 수업 시간에 캔버스에 바짝 다가앉아서는 벌거벗은 아저씨의 모습을 눈에 담으며 재창조하려 할 때는 이걸 기억하렴…….
네 아버지는 기껏 양아치나 되려고 학교를 다닐 필요도 없었고, 남자 성기를 그릴 일은 더더욱 없었을 거다.

★ TV프로그램 〈그림을 그립시다〉로 유화 그리기의 대중화에 기여한 화가.

뮤직 페스티벌 Music Festivals

네 아버지는 너보다 훨씬 예전에 뮤직 페스티벌에 갔고, 그것은 우드스탁이 25년간 중단되었다는 사실만 봐도 알 수 있지. 그는 재니스 조플린이 목청 근육을 푸는 소리를 듣고 지미 헨드릭스의 현란한 기타 연주를 경험하고 그레이트풀 데드가 소생한 광경을 목격하는, 음악적으로 더없이 영예로운 체험을 했다. 그곳은 음악의 메카였고 네 아버지는 그곳으로 순례를 다녀온 소수의 축복받은 사람들 중 하나였어.

그러니 힙스터들아, 다음에 네가 코첼라★에서 아케이드 파이어♠를 본 경험이나 혹은 버닝 맨 페스티벌♣에 가져갈 짐에 특정한 물건을 챙긴 이유를 떠벌릴 때는 이걸 기억하렴……. 네 아버지 세대는 대형 여름 축제를 고안한 사람들이니 그는 너에게 뮤직 페스티벌에 갈 때 맥주를 얼마나 가져가야 할지 확실하게 알려줄 수 있단다.

★ 2001년부터 매년 콜로라도 주의 코첼라 밸리에서 열리는 음악 축제.
♠ 캐나다의 인디 록 밴드.
♣ 네바다 주의 블랙록 사막에서 개최되는 실험적인 지역사회 페스티벌. 현재 약 5만 명이 모여 일주일간 머무르며 각자 음악, 미술 등 다양한 방식으로 표현한다.

픽시 자전거 타기 Riding a Fixie

네 아버지는 너보다 훨씬 예전에 픽시 자전거를 탔어. 덕분에 무릎이 나가버렸지. 그는 도로와 자동차와 죽음 사이의 좁은 공간에서 살아가던 자전거판 매드 맥스였어. 자전거 전용 도로는 그저 유니콘 같은 환상에 지나지 않았고, 네 바퀴 달린 강철 덩어리에 올라탄 저승사자들이 도로의 진짜 주인이 누구인지 똑똑히 알려주겠다며 겁 없이 달려들 때 네 아버지는 바위같이 단단한 배짱으로 무모하게 페달을 밟았지. 그가 크랭크를 돌릴 때마다 포장도로에는 자전거의 자유가 흘러 전해졌고 꽉 막힌 교통체증으로부터 거리를 구해냈어.

그러니 힙스터들아, 네가 정지 신호등에 멈춰 트랙 스탠드★를 하거나 자전거 갱을 쫓아다니는 그루피들에게 픽시 자전거 묘기를 보여줄 때는 이걸 기억하렴······.
네 아버지는 이미 고정된fixed 것 위에 올라탔을 때는 브레이크 따위 필요 없다는 걸 최초로 보여준 사람이었단다.

★ 자전거를 멈춰 세운 다음 엉덩이를 안장에서 떼고 몸을 일으켜 세운 대기 상태. 움직일 듯 말 듯 바퀴를 앞뒤로 슬쩍슬쩍 움직인다.

기타 Guitar

네 아버지는 너보다 훨씬 예전에 기타를 연주했어.
지금도 코드 진행법을 알고 있지. 그는 마샬 하프
앰프에서 강렬한 디스토션 사운드를 내뿜는
차고의 신이었어. 남자들은 네 아버지의 오른손
솔로를 부러워했고 여자들은 그의 어쿠스틱 연주에
황홀해했지. 그는 여섯 개의 기타줄을 뜯는
무법자였고 네 어머니는 그의 첫 번째 그루피였어.

그러니 힙스터들아, 다음에 네가
엘리엇 스미스의 〈니들 인 더 헤이Needle
in the Hay〉나 여자친구가 TV광고에서
들었다는 뱀파이어 위켄드★의 바보
같은 곡을 연습할 때는 이걸 기억
하렴……
네 아버지는 기타 코드에 생명을
불어넣은 사람이었어.

★ 2006년 결성된 미국의 인디 록 밴드.

고양이 Cats

네 아버지는 너보다 훨씬 예전에 고양이에 빠졌어. 인터넷이 생겨나기도 전부터 고양이를 보면 좋아서 어쩔 줄 몰랐지. 그는 고양이 전문가로, 한 가지 확실한 건 그가 어디를 가든 고양이pussy★들이 따랐다는 거야.

> **그러니 힙스터들아,** 다음에 네가 하는 작업에 인터넷에서 유행하는 캣 밈을 넣거나 혹은 너의 페르시안이나 다른 고양이 사진을 누구든 붙잡고 보여주려 할 때는 이걸 기억하렴…….
> 네 아버지는 그의 고양이와 마찬가지로 너의 허튼소리를 참지 못한단다.

★ '여자'를 뜻하기도 한다.

스케이트보드 Skateboard

네 아버지는 너보다 훨씬 예전에 스케이트보드를 탔어. 스래셔Thrasher★ 사이트를 뒤져보면 어딘가 사진이 있을 거야. 그가 아직 젊었을 때는 스케이트보드가 대중적 스포츠가 아니어서 보드를 직접 만들어야 했어. 경찰은 젊은이들이 발을 구르며 타는 이 듣도 보도 못한 물건을 중산층에 대한 위협으로 느꼈고, 결국 불법으로 규정해버렸지.

그러니 힙스터들아, 다음에 네가 샌프란시스코나 포틀랜드, 뉴욕의 힙스터 동네에서 스케이트보드를 타며 자전거 전용도로를 내려갈 때는 이걸 기억하렴…….
네 아버지는 너무나 굉장한 사람이라 그가 그저 재미로 했던 일들이 공공장소에서 불법으로 규정되곤 했단다.

★ 스케이트보드 문화를 다루는 잡지이자 의류 브랜드.

대자연 속 아웃도어
The Great Outdoors

네 아버지는 너보다 훨씬 예전에 대자연 속으로 들어갔어. 지금도 텐트 치는 요령을 숙지하고 있지. 머스크 향과 모험의 냄새를 풍기며 그는 몇 개의 믿을 만한 캠핑 용품과 남자의 본능에만 의지해 드넓은 원시림 속으로 자신만만하게 하이킹을 떠났어. 그곳에서 막 잡은 동물의 살코기를 발라내고, 퓨마를 위협하고, 심지어 장작을 쳐다보기만 해도 불을 붙일 수 있었지.

> **그러니 힙스터들아**, 다음에 네가 주변 공원에 들끓는 인간들을 피해 1990년형 볼보 왜건에 짐을 싣고 숲속으로 떠나려 할 때는 이걸 기억하렴…….
> 대자연 속 아웃도어는 네 아버지가 그곳에 가기 전까지는 그저 평범한 아웃도어였을 뿐이야.

100

커피 Coffee

네 아버지는 너보다 훨씬 예전에 커피를 즐기기 시작했지. 군데군데 변색된 치아가 말해주지. 그는 스타벅스가 "너무 주류"라면서 네가 발길을 끊기 훨씬 전, 그러니까 스타벅스가 시애틀의 조그마한 커피숍으로 시작하기도 전부터 이미 커피를 마셨어. 그의 커피는 직접 손으로 내린 진한 블랙커피로, 눈을 초롱초롱하게 하고 졸음이 몰려와도 뺨을 철썩 때리듯 단번에 몰아냈지. 잠의 짐승이 슬금슬금 접근하지 못하도록 막아주는 커피를 매일 마셔서 그는 그 짐승을 죽여버릴 수 있었어.

> **그러니 힙스터들아**, 다음에 네가 공정무역으로 수입한 그저 그런 원두를 동네에서 로스팅하고 두유와 비정제설탕을 첨가한 커피를 홀짝거리면서 커피숍의 무료 와이파이를 훔치고 있을 때는 이걸 기억하렴……. 네 아버지는 오직 그와 닮은, 강력하고 진한 커피만 마셨단다.
>
> 추신. 네 아버지는 너무나 언더그라운드 취향이어서 심지어 죽은 자들과 대화하는 법도 알아.

빈티지 자전거 Vintage Bikes

네 아버지는 너보다 훨씬 예전에 빈티지 자전거를 타기 시작했어. 러기드 프레임lugged frame★이 쓰인 자전거가 말해주지. 네 아버지는 폭주하는 스피드의 조상이었고, 어떻게 하면 자전거 프레임의 한계를 뛰어넘어 미끄러지듯 나아갈 수 있는지 알았어. 모든 사람들이 '디트로이트 머슬' 자동차에 빠져 있을 때 그는 체인용 윤활유를 애프터셰이브로 사용하고 자전거 헬멧용 콘로♠를 하고 있었지.

그러니 힙스터들아, 다음에 네가 학부에 다니다 크리스마스 연휴 때 집에 돌아와 네 아버지의 빈티지 물건을 훔칠 생각으로 차고에 보관되어 있던 자전거를 꺼내 먼지를 털고 있을 때는 이걸 기억하렴······.
네 아버지의 사이클 스웨그에 도달하려면 넌 정말 쉼 없이 연습해야 할 거야.

★ 합금이나 용접 등의 기술이 발달하기 전에 나온 자전거들은 러그를 사용해 스틸 튜브를 연결한 다음 황동으로 땜질을 한 경우가 많았다. 최근의 핸드크래프트 제품들 중에도 러기드 프레임이 많다.

♠ 머리카락이 머리통에 딱 달라붙도록 촘촘히 땋는 헤어스타일.

사격 Shooting Shit

네 아버지는 너보다 훨씬 예전에 사격에 빠졌어.
손에 남은 화약 잔여물이 말해주지. "다 박살내버릴
거야"라는 표시로, 무정부주의에 잔뜩 취해서 순전히
재미로 권총을 조준하는 것만 한 것도 없지. 하지만
그건 350밀리리터짜리 맥주병들을 쏘아 맞추기 전에
먼저 마셔서 비워버리느라 그렇게 된 거야.
네 아버지는 혈중 알코올 농도가 높은 상태로
산꼭대기 사격연습장에서 탄창을 다 비워버릴 수
있는 유일한 사격수였어.

>그러니 힙스터들아, 다음에 네가
>사격장에서 조준기를 노려보면서 위스키와
>권총이 만난 듯 터프한 척하고 있을 때는
>이걸 기억하렴…….
>네 아버지 같은 사람 때문에 7일 대기
>기간★이 생긴 거야.

★ 미국에서 총기를 구입하면 바로 사용할 수 없고 보통 7일의
대기 기간을 가져야 한다.

비주류 악기들
Obscure Musical Instruments

네 아버지는 너보다 훨씬 예전에 비주류 악기들을 연주했어. 네 어머니를 위해 만든 관능적인 플루트 발라드도 있지. 다들 기타를 연주하지. 음악을 언어에 비유하자면 기타는 영어 같은 위상을 차지하며, 남학생들이 아무런 독창성도 없이 여자나 한번 꼬셔볼 생각으로 선택하는 악기이거든. 하지만 네 아버지는 진정한 음악인이자 관악기의 거장이자 여자들이 저절로 옷을 벗도록 만드는 피리 부는 사나이였지.

그러니 힙스터들아, 다음에 네가 '에드워드 샤프와 마그네틱 제로'★의 콘서트에 갔다가 큰 감동을 받아 불가사의하게도 아코디언이나 비올라를 배워보겠다는 생각을 떠올리게 될 때는 이걸 기억하렴…….
네 아버지는 너의 교양학부 학비를 내느라 뼈 빠지게 일하지만 않는다면 너에게 비주류 악기의 연주법을 얼마든지 가르쳐줄 수 있는 사람이야.

★ 미국의 인디 포크 밴드.

즉석 사진 촬영 부스
Photo Booths

네 아버지는 너보다 훨씬 예전에 포토 부스에 대해
알고 있었어. 그의 연속 사진이 말해주지.
담배연기가 자욱한 어느 싸구려 술집 안쪽에서
네 아버지는 이 추억을 담는 마술상자를 처음
발견했어. 어느 날 밤, 위스키를 벌컥벌컥 들이킨
그는 이 악명 높은 포토 부스 안에서
네 어머니에게 손을 잡아도 되냐고 물어봤지.
그리고 두 사람의 연애 시절이 담긴 이 사진을
여전히 지갑 안에 넣어 가지고 다녀.

그러니 힙스터들아, 다음에 네가 친구들
사진을 벽장 안에 쓰레기더미처럼 잔뜩
쌓아놓으며 네가 항상 들르던
술집에서의 어느 밤을 기억해내려 애쓸
때는 이걸 기억하렴…….
네 아버지는 너에게 포토 부스를 알려준
사람이야. 그런 만큼 네가 술 취해
우연히 찍은 재미난 사진 하나하나들이
모두 네 아버지에게 빚지고 있는 셈이야.

톨 바이크 Tall Bikes

네 아버지는 너보다 훨씬 예전에 톨 바이크를 탔어.
지금도 1.5미터 높이의 안장을 가지고 있지. 남보다
높은 곳에 앉는 방법에 대한 학사학위를 따고
부전공으로 술 취해 자전거 타는 방법을 연구한
미친 과학자라도 되는 양, 그는 최초로 두 바퀴 달린
골리앗 탈것을 만들어냈어. 네 아버지의 인생이
대부분 그렇듯이 그것은 세상의 논리를 거스르는
것이었고, 그때껏 듣도 보도 못한 괴상한 자전거를
사람들이 타고 다니기에 이르렀지.

> **그러니 힙스터들아,** 다음에 네가
> 야단스럽게 꾸민 프레임을 위로 두 개 쌓아
> 연결한 톨 바이크 안장에 앉아 주변에서
> 쏟아지는 사람들의 시선에 무심한 척할
> 때는 이걸 기억하렴…….
> 네 아버지는 어떻게 하면 더 높은 곳에
> 위치할 수 있는지 너보다 먼저 알고
> 있었단다. 자전거에서도 말이야.

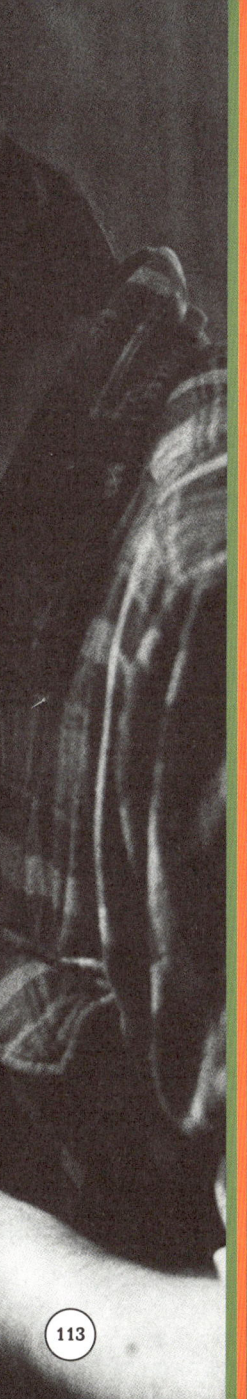

타자기 Typewriters

네 아버지는 너보다 훨씬 예전에 타자기를 가지고 있었어. 여기저기 남아 있는 수정액 자국이 말해주지. 그의 손가락이 타자기 자판을 두드리면 종이 위에 까만색 알파벳이 찍혀 남았지. 어쨌든, 철자가 잘못되거나 문법이 틀려서 빨간 펜으로 수정을 표시하는 밑줄이 쳐진 경우는 없었어. 그는 정말 그랬어. 너와 달라.

그러니 힙스터들아, 다음에 네가 작가가 되는 출발점으로 돌아가서 기계식 타자의 리드미컬한 탁탁 소리를 즐겨보려 할 때는 이걸 기억하렴……. 네 아버지의 타자기 자판들은 너는 생각도 못해본 단어들을 종이에 찍어냈어. 그는 진정한 작가였어.

추신. 아이패드용 타자기 앱을 쓰면 너는 허세 부리는 멍청이처럼 보일걸?

미국에서 인기 없는 스포츠
Non-American Sports

네 아버지는 너보다 훨씬 예전에 미국에서는 인기 없는 스포츠에 빠져 있었어. 지금도 축구공으로 저글링을 할 수 있지. 다른 모든 사람들이 야구를 하며 1루에서 씹는담배를 질겅이던 그 시절, 그는 골대 사이를 뛰어다니며 기막힌 슛을 날렸어. FIFA에 살고 죽고, 제대로 된 녀석들이 그렇듯 매 경기때마다 화를 냈지.

그러니 힙스터들아, 다음에 네가 월드컵 경기를 보면서 유학을 다녀온 나라의 팀을 응원할 때는 이걸 기억하렴……. 네 아버지는 실제로 축구를 할 줄 알았어. 지금도 최고의 역량을 뽐내기 위해 수비수인 너의 다리 사이로 공을 빼내 몰고 나가는 알까기 기술을 보여줄 수 있단다.

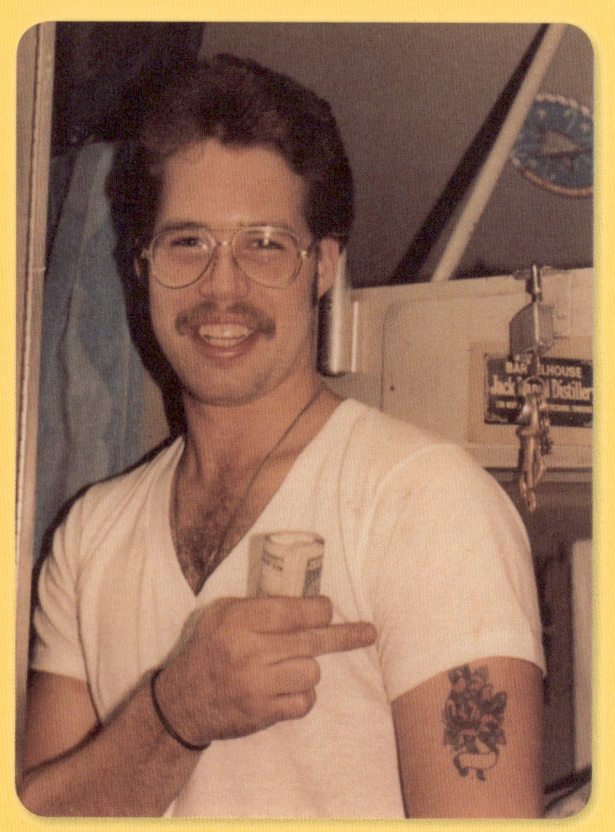

문신 Tattoos

네 아버지는 너보다 훨씬 예전에 타투를 했어. 그의 몸에 여전히 남아 있는 흔적들이 말해주지. 피부 속 깊이 바늘을 찔러넣어 그림을 새기는 것은 기득권에 맞선 저항적 행위야. 그의 팔에 새겨진 예술작품은 순진한 네 어머니를 같은 편으로 끌어들인, 반항아의 표식이었어. 네 어머니는 그의 모험심에 사로잡혔고, 그의 몸 곳곳에 타투를 보고 위험을 기꺼워하는 태도에 반하고 말았지.

그러니 힙스터들아, 다음에 네가 팔에 또 다른 타투를 새기려 할 때는 이걸 기억하렴······.
네 아버지는 모든 타투를 한자리에서 새겨버렸어. 왜냐하면 그는 다섯 시간 정도는 바늘에 찔리는 아픔을 참으며 아무렇지 않게 버틸 수 있는 남자였거든.

아이러니한 스포츠 플레이
Ironically Played Sports

네 아버지는 너보다 훨씬 예전에 아이러니하게도 골프를 쳤어. 그가 컨트리클럽에서 평생 출입 금지당한 사실이 말해주지. 그린피★를 낼 돈이 없었기 때문에 골프채를 어깨 너머로 던진 다음 몰래 숨어들어가 후반 9홀을 뛰는 마스터 플레이어였어. 핸디캡 10도 골프 카트를 모는 안전요원들보다 빨리 달려가 새 골프공을 챙기려고 연못에 뛰어들었다가 얻은 것이었지. 그의 복장은 전통적으로 골프장에서 받아들여지기 어려운 차림새였지만 네 아버지는 골프장에 딱 맞는, 소매를 잘라버린 폴로셔츠를 선보였어.

그러니 힙스터들아, 다음에 네가 골프의 새로운 대안으로 떠오른 자전거 폴로 경기를 한답시고 하이 라이프 맥주 스물네 캔짜리 한 짝을 들고 골프 코스 18홀을 뛰어볼 생각이라면 이걸 기억하렴······.
네 아버지는 타이거 우즈보다 앞서 이미 골프장의 레이디 킬러였단다.

★ 골프장을 사용하는 비용.

바비큐 Barbecue

네 아버지는 너보다 훨씬 예전에 바비큐를 구웠지. 지금도 라이터 오일을 가지고 능숙하게 불을 붙일 수 있어. 긴장을 늦추지 않은 채 짐승 같은 바비큐 레인지를 다루었고 결코 음식을 태우는 법이 없었어. 그 솜씨를 직접 맛본 혀는 네 아버지를 찬양했고, 한 손으로 고기를 익히는 그 요리 마법은 푸드 네트워크 같은 TV 방송국이 생기도록 만들었어.

> 그러니 힙스터들아, 다음에 네가 집 뒤편 테라스에서 의기양양하게 채식 버거와 지역에서 생산한 야채를 구우면서 700밀리리터짜리 커다란 캔맥주를 들이켜고 패티에 형편없는 그릴 자국을 만들고 있을 때는 이걸 기억하렴······. 네 아버지의 그릴에 손을 대었다간 그가 네 엉덩이를 구워버릴 거야.

휴대용 음악 플레이어
Portable Music Players

네 아버지는 너보다 훨씬 예전에 휴대용 음악 플레이어를 들고 다녔어. 그래서 아직도 팔이 여기저기 쑤시지. 13센티미터 크기의 스피커 두 개와 D사이즈 배터리 네 개만 있으면 어디서든 카세트테이프 선곡으로 동네 전체를 흥겹게 만드는 거리의 디제이였어.

그러니 힙스터들아, 다음에 네가 아이팟을 인디 음악으로 채우고 지하철 출근길에 들을 플레이리스트를 작성하고 있을 때는 이걸 기억하렴……. 네 아버지는 그가 가는 곳 어디에나 말 그대로 음악을 가지고 다녔어.

닥치는 대로 읽기 Read Everything

네 아버지는 너보다 훨씬 예전에 닥치는 대로 모든 것을 읽었어. 그가 가진 초판본들을 보면 알 수 있지. 네 아버지는 플란넬 셔츠를 입은 잭 케루악★이었고, 경쟁 상대라곤 메리엄-웹스터 사전밖에 없을 정도로 거침없이 언어를 소비했어. 그의 문어文語는 강박적이었고, 여가 시간은 문학의 반인반신들이 남긴 유려한 문장에 흠뻑 취하는 데 바쳐졌지.

그러니 힙스터들아, 다음에 네가 완벽하게 분류해 정리해놓은 너만의 도서관에서 포크너의 문장을 찾아내 인용하려 할 때는 이걸 기억하렴······. 네 아버지는 우선 뭔가를 읽고 나면 그것을 다시 시적인 문장으로 써내려갔단다. 그 글을 읽은 여자들은 감동에 무릎이 떨렸지.
추신. 문자나 채팅에 쓰는 요상한 단어들과 이모티콘 등 영어를 망치는 가장 큰 주범을 잔뜩 양산하는 주제에 어떻게 힙스터들은 스스로를 지적이라고 말할 수 있을까. 정말 멍청하지.

★ 1950년대 미국에 등장한 비트 세대를 대표하는 작가.

지역 생산 식품 소비하기
Eating Local

네 아버지는 너보다 훨씬 예전에 지역 생산 식품을 먹었어.
손톱에 껴 있는 흙을 보면 알 수 있지. 그는 그게 유행해서가
아니라 당신이 원해서 텃밭을 가꾸었던 거야. 접시 위에는
항상 집에서 재배 가능한 종류의 식재료들로 가득했지.

그러니 힙스터들아, 만약에 네가 웨이트리스에게
샐러드에 든 토마토가 윤리적으로 올바르게
재배되는지, 지역 생산물인지, 공정무역인지, 환경
파괴는 없는지 그리고 재배 노동자들이 정당한
임금을 받는지 물어보려 할 때는 이걸
기억하렴…….
네 아버지는 또 다른 허세를 부리기 위해 지역 생산
식품을 먹었던 게 아니야. 그게 더 맛있기 때문에
먹었던 거지.

소수의 취미 Esoteric Interests

네 아버지는 너보다 훨씬 예전에 매니악한 취미를 가졌어.
그는 점토를 던지곤 했지. 다른 남자의 여자에게 작업을
거는 중이 아닌 한 그는 지적인 일을 추구하는 돈
후안이었어. 꾸미지 않고 자연스러운 점이 타고난
르네상스맨이었지.

그러니 힙스터들아, 다음에 네가 자수를 배우거나
초기 프랑스 느와르 영화에 빠지게 될 때는 이걸
기억하렴······.
네 아버지는 다양한 비주류 취미를 가지고
있었어. 아마 대부분은 너는 들어본 적도 없을걸.

비디오 게임 Video Games

네 아버지는 너보다 훨씬 예전에 비디오 게임을 했어. 수많은 게임의 마지막 절차, 그러니까 베스트 플레이어 순위의 첫 줄에 당당히 자신의 이름을 올렸지. 그 시절 오락실이란 소년을 전설적인 인물로 탈바꿈시키는 곳이었어. 네 어머니 역시 동네에서 게임 좀 한다는 애들과 함께 그곳에 있었지. 그리고 그들은 네 아버지의 어깨 너머로 게임기 스틱을 정교하게 조작하는 모습을 넋을 잃고 지켜봤을 뿐이야.

그러니 힙스터들아, 다음에 네가 술집 안쪽에 앉아서 코인 세탁기에 쓸 잔돈을 킹콩 게임에 써버리고 있을 때는 이걸 기억하렴……
네가 지금까지 해본 모든 아케이드 게임의 최고 점수는 네 아버지가 달성한 거야. 20여 년간 누구도 그를 권좌에서 끌어내리지 못했지.

모페드 Mopeds

네 아버지는 너보다 훨씬 예전에 모페드★를 몰다가
그만두었어. 그는 여자들에게 인기 없는 이
이륜차가 모터사이클의 세계에서 단지 연습용에
지나지 않는다는 사실을 일찌감치 깨달았지.
연습용 오토바이로 여자를 꼬실 방법은 없었어.
하지만 어쨌든 타는 법을 배우기는 해야 하는지라
그는 이 모터 달린 초보용 바이크를 활용했지.

> **그러니 힙스터들아,** 다음에 네가 혹시
> 어린 힙스터 여자애를 태울 수 있지
> 않을까 기대하면서 소매를 자른 데님
> 재킷을 입고 너희 '패거리'와 푸시Puch♠
> 모페드를 탈 때는 이걸 기억하렴…….
> 너와 달리 네 아버지는 스쿠터에 앉아
> 있어도 진짜 악당처럼 보였단다.

★ 모터가 달린 자전거 형태의 스쿠터.
♠ 오스트리아의 스쿠터 회사.

신시사이저 Synth

네 아버지는 너보다 훨씬 예전에 신시사이저를 연주했어.
일렉트릭 비트를 만든 적도 있지. 일렉트릭 댄스 매직의
마법사였던, 그는 파티에 모인 수많은 사람들에게 비트라는
주문을 걸었고, 술 취한 여자들은 꼭두새벽까지 아버지의
음악에 맞춰 몸을 흔들었지.

그러니 힙스터들아, 다음에 네가 새벽 3시에
지저분한 창고 클럽에서 덥스텝을 틀어대고 있을
때는 이걸 기억하렴······.
네 아버지는 누구도 아직 일렉트로니카를 들어본
적이 없던 시절, 비트로 그곳을 뒤흔들어놓았단다.

애플 컴퓨터 Apple Computers

네 아버지는 너보다 훨씬 예전에 애플 컴퓨터를 갖고 있었어.
매킨토시 클래식 모델이지. 스티브 잡스가 아직은 신화이기에
앞서 그저 한 인간이었던 그 당시, 네 아버지는 쿠퍼티노★에서
키보드를 두드려대는 왕이었어. 그는 플로피디스크를
뒤집으면서 동시에 커맨드-옵션과 컨트롤-시프트 단축키를
누를 수 있었지. 그의 혈관에는 애플의 예전 로고인 무지개가
흘렀고, PC들이 전쟁이 일어나기 시작했다는 걸 깨닫기도
전에 네 아버지는 이미 매킨토시의 전사가 되어 있었어.

그러니 힙스터들아, 다음에 네가 한 입 베어먹은
사과 로고를 과시하고 PC 이용자들이 프리
와이파이를 더럽히고 있다며 깔보는 한편, 다음
맥월드의 키노트를 조바심치며 기다리고 있을 때는
이걸 기억하렴……
네 아버지는 지금도 네가 잘못된 행동을 하면
'command + Z'♠를 눌러버릴 수 있단다.

★ 애플 본사가 있는 곳.
♠ '되돌리기'를 실행하는 명령어.

네 아버지는 어떻게 살아야
하는지 알았어……

지금 네 눈에 비친 아버지는 나이든 남자겠지만
그 시절 그는 한 마리의 짐승이었어. 매일 아침,
태양도 능가하는 어마어마한 기력으로 충만해
깨어났고 하루를 마치 두 사람 몫을 살 듯이
보냈지.
    그는 최고로 놀기 좋은 장소를 알고 있었지.
    그는 주말 파티에 쓸 돈을 벌기 위해 형편없는
일도 마다하지 않았어.
    그는 술집에서 마지막 주문을 받을 때까지 싸구려
맥주를 퍼마시고는 문을 발로 차며 밖으로 나왔어.
    그는 자신이 느끼는 바를 정확하게 사람들에게
말했고 뒷말은 조금도 개의치 않았어.
    그는 세계를 돌아다니며 모든 것을 경험했지.
    그러니 다음에 네 아버지를 바라볼 때는,
삶의 매순간을 최대한 충만하게 살던 그의 몸은
세월에 길들었을지언정 그 속에는 여전히 지옥의
짐승이 깃들어 있다는 사실을 유념하도록 해.

무심함 Being Apathetic

네 아버지는 너보다 훨씬 예전부터 무심한 태도의 사람이었어. 지금 내가 그에 대해 쓰고 있어도 전혀 개의치 않듯이. 그는 바깥 날씨가 뜨거운 스프처럼 푹푹 쪄도 아랑곳하지 않았어. 어차피 호수로 놀러갈 때도 여전히 플란넬 셔츠를 입을 작정이었으니까. 네 어머니가 보트를 전복시키고도 남을 비키니를 입고 있든, 끝내주게 재미있는 워터슬라이드가 바로 옆에 있든 신경 쓰지 않았어. 설령 네스 호 괴물이 네 아버지 가방에 들어 있던 팔러먼트 담배 한 가치를 얻겠다고 호수 밑바닥에서 올라올지라도 그는 놀라기는커녕 럭셔리한 호수가의 덱 체어에서 꿈쩍도 안 할 거야.

> 그러니 힙스터들아, 다음에 네가 무심한 척 자꾸 딴 곳에 시선을 던지며 단조로운 목소리로 오늘밤 보러 갈지도, 안 갈지도 모를 공연에 대해 이야기할 때는 이걸 기억하렴…….
> 네 아버지가 만약 작정하고 무심하려 했다면 아마도 무심한 사람들 중에서도 최고가 되고도 남았을걸. 애쓰지 않았으니 그 정도였던 거지.

감히 넘보지도 못할 여성과 데이트하기

Dating Women Out of His League

네 아버지는 너보다 훨씬 예전에 아주 멋진 여자와 데이트를 했어. 지금도 그의 친구들은 네 아버지가 어떻게 그럴 수 있었는지 어리둥절해하지. 기껏해야 배관공만큼 섹시하고, 친구들이 최대한 좋게 말해줘서 "유니크"한 그이지만 여자들은 그의 매력에 저항할 수 없었어. 네 아버지는 유혹하는 데 있어서는 특전사여서 조용한 확신과 즐거운 위트로 능수능란하게 여자들을 무장 해제시켰지.

그러니 힙스터들아, 다음에 네가 그 동네에서 제일 완벽한 여자에게 접근할 용기를 내기 위해 술을 들이켜는 한편, 스키니 진을 입은 친구에게 도와달라고 설득하고 있을 때는 이걸 기억하렴……. 네 아버지는 혼자서 모든 걸 해낼 수 있는 사람이었어.

지붕에 올라가기
Hanging Out on Rooftops

네 아버지는 너보다 훨씬 예전에 지붕에 올라가곤 했어. 그는 지금도 화재용 비상 사다리를 타고 올라갈 수 있지. 네 아버지는 복작복작한 공원이 도심 속 남자아이들의 축구장, 가족 나들이 장소, 강아지 화장실 정도로 쓰인다는 것을 알고 있었어. 그렇기 때문에 아무도 오지 않을 도심 스카이라인 속 꼭대기에 자리를 잡았지. 건물 지붕은 매일 밤 별을 관찰하는 도심 천문대가 되었고, 바로 거기서 네 아버지는 네 어머니에게 처음으로 북두칠성이 어디에 있는지 보여주었지.

그러니 힙스터들아, 다음에 네가 테카테★의 700밀리리터짜리 커다란 캔맥주를 마시다가 건물 지붕 가장자리 너머를 살펴보며 입안의 맥주를 뱉고 싶고 충동을 참을 때는 이걸 기억하렴……. 네 아버지는 옥상이 사람들을 굽어보는 데 최적의 장소라는 걸 알고 있었지.

★ 멕시코산 페일 에일 맥주.

일반적인 관행을 따르지 않는 사람

Nonconformist

네 아버지는 너보다 훨씬 예전부터 주류를 따르지 않았어. 그러기를 증오하며 내내 살아왔지. 과거의 것들을 그대로 가져오고 기존의 것들을 교묘히 섞는 게 아니라 새롭게 만들어냈어. 미래로 시간여행을 떠나 가져온 듯한 그의 스타일은 너무 신선해서 세상의 다른 사람들이 그를 따라잡는 데 20여년이나 걸렸지.

> **그러니 힙스터들아**, 다음에 네가 사회의 규범을 거부하고, 다른 사람들이 하지 않는 것들에 삶의 근간을 둘 때는 이걸 기억하렴…….
> 네 아버지는 이 게임에서 너무나 앞서가는 사람이라 그가 지금 입고 다니는 옷들은 너의 자녀 세대에서나 흔하게 볼 수 있을 거야.

웃지 않기 Not Smiling

네 아버지는 너보다 훨씬 예전에 좀처럼 웃지 않는 사람이었어. 그래서 공격적인 표정의 사진이 남아 있지. 그는 얼굴 근육을 사용해 즐거운 감정을 표현하는 것이 자신이 어렵사리 구축한 무자비한 분위기와 맞지 않는다는 걸 알고 있었어.
노상강도들도 네 아버지를 피했어. 왜냐하면 그는 새 비즈니스 캐주얼 신발을 더럽히지 않고도 강도 따위 가뿐히 땅에 묻어버릴 수 있을 인간으로 보였거든.

그러니 힙스터들아, 다음에 네가 중산층 부모의 경제적 지원을 받아 부족함 없이 사는 삶이 온통 끔찍하다며 즐거움을 내색하지 않으려 할 때는 이걸 기억하렴…….
네 아버지는 험악한 표정의 대가였고 그 덕분에 아기였던 너를 보호할 수 있었던 거야.

다 큰 아이 Being a Grown-Ass Child

네 아버지는 너보다 훨씬 예전에 아이 같은
어른이었어. 그는 여전히 놀이터에서 쓰던
기술들을 기억하고 있지. 네 아버지는 어른이
된다는 것은 거지같은 일이라는 걸 알고 있었어.
시간이 그의 즐거움을 훼방놓으려 했지만 이 인간
티렉스는 그렇게 흘러가도록 내버려두지 않았지.
폭죽으로 장난을 치고 비디오 게임을 하고
위스키를 잔뜩 마시고 망가졌어.

그러니 힙스터들아, 다음에 네가
곰부차★와 카푸치노에 돈을 몽땅
써버려서 돈을 더 보내달라고 할 때는
이걸 기억하렴…….
네 아버지는 마음속 깊이
어린아이였지만, 필요할 때는 언제든
책임감 있게 제 몫을 다하는 사회
구성원이었어.
부디 너도 그런 사람이길 바란다.

★ 홍차나 녹차 등을 우린 물에 설탕과 유익균을 첨가해 만든
발효차. 피부 미용과 노화 방지에 효과가 좋아 힙스터들에게
인기가 많다.

샌프란시스코
San Francisco

네 아버지는 너보다 훨씬 예전에 샌프란시스코를 대변하는 삶을 살았어. 곳곳을 돌아다니느라 생긴 다리 근육이 말해주지. 사회 부적응자와 쇠락한 히피들의 땅에 도착해서 보니 네 아버지는 이미 샌프란시스코 주민들과 별 차이가 없었어. 샌프란시스코의 멋진 힙스터들처럼 그도 미션 디스트릭트에서 살았지. 네 아버지는 오토바이나 자전거를 타고 49도로★를 달렸고, BART♦의 16번가 역사를 수놓은 그림에 등장했고, 트윈 픽스♣를 에워싼 안개를 보며 밤의 시작을 알았어. 돌로레스 공원에서 낮술을 마셨고, 마리나

지역❖을 증오했고, 프리우스♥의 배기음보다 더
자기만족에 빠져 살았지.

    그러니 힙스터들아, 다음에 네가 어디가
    최고의 부리토 음식점인지
    입씨름하거나, 포 배럴스의 커피를
    홀짝거리거나, 클럽인 퍼블릭
    워크스에서 밤의 열기를 발산하고 있을
    때는 이걸 기억하렴…….
    네 아버지는 아마도 네가 발을 들인 미션
    디스트릭트의 모든 집에서 파티를 하고
    더럽혔을 거야.

    추신. 네가 이 사진만 보고 그곳이
    어딘지 맞출 수 있다면 힙스터
    행동양식의 가산점을 주지.
    추추신. 타퀘리아 칸쿤◆은 항상 붐비지.
    그곳이 최고가 아니라고 말하는 놈이
    있다면 내가 기꺼이 상대해주겠어.

★ 샌프란시스코의 주요 관광 명소를 지나는 49마일(약 80km)의 도로.
♠ 샌프란시스코의 도시 철도.
♣ 샌프란시스코 도심을 조망하는 전망대가 있는 두 개의 봉우리.
❖ 바다와 골든 브리지가 보이는 관광지이자 유행에 민감한 상업 지역으로 힙스터들이 싫어한다.
♥ 연비가 좋기로 유명한 도요타의 하이브리드 자동차.
◆ 샌프란시스코에 있는 멕시코 식당.

마른 몸매 Being Skinny

네 아버지는 너보다 훨씬 예전에 삐쩍 말랐었어.
저울 눈금이 그것을 말해주지.
하지만 너처럼 픽시 자전거를 타고, 담배를 반 갑씩
피우고, PBR 맥주를 마셔서 몸의 수분을 배출하는
힙스터식 일상 다이어트를 할 필요가 없었어. 그는
사실 그냥 되는대로 살았어. 대신 새로운 밴드를
발견하겠다며 매킨토시 앞에 앉아 웹서핑만 하지
않고, 지하 술집들을 직접 찾아다니며 몸으로
부딪쳐 색다른 음악을 발견했지. 그의 날씬한 몸은
이런 능동적이고 칼로리를 소모하는 생활방식에서
비롯된 결과물이야.

>**그러니 힙스터들아,** 다음에 네가 스키니
>진을 입느라 씨름하고 있을 때는 이걸
>기억하렴…….
>네 아버지는 '마르다'는 말에
>'호리호리하다'는 의미를 불어넣었지.

형편없는 잡일 Working Shitty Jobs

네 아버지는 너보다 훨씬 예전에 형편없는 잡일을 했어. 케이마트 직원 이름표가 말해주지. 시간당 임금은 한 시간 동안 마시는 맥주캔 가격보다 낮았고 사회는 그를 기업에 대한 고객들의 불만을 받는 대리 창구로나 써먹을 뿐이었지. 형편없는 일일지언정 그럭저럭 맡은 바를 해나갔지. 그리고 매주 금요일 밤이 되면 10×5센티미터 크기의 부끄러운 이름표를 떼버리고 주말의 왕으로 거듭났어.

> **그러니 힙스터들아**, 망할 여피들이 커피숍 직원인 너에게 팁을 주지 않아 월세를 내기가 어렵다고 부모에게 투정을 부릴 때는 이걸 기억하렴······.
> 네 아버지는 하루 벌어 하루 먹고사는 삶에 대해 잘 알아. 그리고 그는 PBR이 의외의 멋이 있어서가 아니라 주머니 형편상 유일하게 살 수 있는 맥주라 마셨던 거야.

사람들을 평가하기 Judging People

네 아버지는 너보다 훨씬 예전부터 사람들에 대한 평가를 내렸어. 지금도 너의 잘못된 점을 일일이 지적할 수 있어. 지금까지 주디★보다 많은 판결을 내렸고 사회적 성형외과 의사처럼 사람들의 성격적 결점을 콕콕 집어냈지. 빌보드 톱40 차트나 듣는 유행 추종자들을 대놓고 놀려댔어.

그러니 힙스터들아, 다음에 네가 아메리칸 스피릿 담배를 피우면서 천연 담뱃잎 외에 첨가물이 들어간 담배 연기를 흡입하면 건강에 좋지 않다고 품평을 하는 한편, '너도나도 릴랙스 핏의 리바이스를 따라 입다니' 같은 경멸하는 표정을 지을 때는 이걸 기억하렴…….
네 아버지는 지금 이 순간에도 너를 평가하고 있어. 왜냐하면 지난 몇 년간 우주에서 가장 독창적인 창조물이 되겠다고 네가 시도해온 것이란 바로 아버지에 대한 반항에 지나지 않았으니까.

★미국 법정드라마 〈Judge Judy〉의 주인공인 주디 쉐인들린 판사.

신경 쓰지 않기
Not Giving a Fuck

네 아버지는 너보다 훨씬 예전에, 세상 사람들이 뭐라 하든 눈곱만큼도 신경쓰지 않는 사람이었어. 숲속에서 변기에 앉아 있는 모습이 말해주지. 그의 영혼은 사회적으로 적절한 행동이라는 억압적인 사슬에 얽매이지 않았고, 원하는 것은 무엇이든 하고야 말았어. 그는 삶의 비바람이 몰아치는 가운데 오줌을 갈겼고, '하이 라이프'★의 삶을 사는 르네상스맨이었지.

> 그러니 힙스터들아, 다음에 네가 등교 전날 밤늦게 술에 취해 있거나, 인터넷에 너를 싫어하는 사람이 얼마나 많은지 모른 척하려 할 때는 이걸 기억하렴……
> 너는 근대법의 시행을 중단시켰던 사람의 후손이야.

★ '하이 라이프'는 원래 상류사회의 호화로운 생활을 뜻하지만, 여기서는 싸구려 맥주인 밀러의 하이 라이프를 가리키는 말장난으로 쓰였다.

'브로' 혼내주기
Bro Bashing

네 아버지는 너보다 훨씬 예전에 멍청하기 짝이 없는 수컷들을
혼내주었어. 조롱하듯 무거운 역기를 들어올리느라 허리를
삐었잖아. 그는 두시백★ 조련사였어. 그의 말 한마디에 빳빳이
세운 옷깃을 내리고, 가벼운 농담에 멍청한 그래픽 티셔츠의
의미가 퇴색되어버렸지. 매일 밤 그는 부츠 컷과 젤을 바른
머리에 대한 혐오를 형상화한 걸작 같은 모습으로 거리를 누볐지.

    그러니 힙스터들아, 다음에 네가 연분홍색 셔츠에
    플라스틱 샌들을 신은 운동부 멍청이들을 놀릴 때는
    이걸 기억하렴……
    네 아버지는 경멸적인 호칭인 '브로bro'라는 말을
    처음으로 만들어냈고, 뇌가 완두콩만 한
    이 현대의 원시인들은 그게 좋은 소리인 줄 알고
    스스로를 지칭하는 말로 쓰기 시작했단다.

★ 자기과시가 강하고 근육질에 애버크롬비나 폴로의 피케티 칼라를 세우고
다니는 백인 남자를 조롱하는 말이다.

거지같은 아파트 Shitty Apartments

네 아버지는 너보다 훨씬 예전에 거지같은 아파트에서 지냈단다.
친구 중에 제리라는 쥐도 있었지. 술집의 젖은 바닥 같은 냄새가
나는 집을 거리에 버려져 있던 가구들과, 식구들이 앉기에
적당하지 않은 공짜 물건들로 채웠어. 바닥에는 옷이 잔뜩
널브러져 있고 카펫에 알 수 없는 얼룩이 진 그곳은 맥주병으로
이루어진 미로였지. 그가 집 안에서 돌아다니기라도 할라치면
집주인은 그 망할 복잡한 소굴에다 욕을 퍼부었어.

그러니 힙스터들아, 다음에 네가 짓눌려 죽은 빈대
사체나 파티의 흔적인 바닥 얼룩을 긁어내고 있을
때는 이걸 기억하렴…….
네 아버지 때문에 하자 보수 보증금이라는 제도가
만들어졌지.

셀카
Self-Portraits

네 아버지는 너보다 훨씬 예전에 셀카를 찍기 시작했어.
거울 속 남자가 바로 그야. 카메라 렌즈가 거울을 깊이
응시하는 가운데 그는 자신의 이미지를 모든 35밀리 필름
롤마다 영원히 아로새겼어. 이것은 필름 현상소 사람들에게
보내는, "필름을 망가뜨릴 시 네가 만나게 될 바로 그
사람이다"라는 한 컷짜리 경고였지.

그러니 힙스터들아, 다음에 네가 아이폰을 들고
욕실 거울에 비친 너의 모습을 찍어 페이스북
프로필 사진으로 올릴 때는 이걸 기억하렴…….
네 아버지는 이미지가 발휘하는 위력을 실감할 수
있었단다.

척 노리스 Was Chuck Norris

네 아버지는 척 노리스가 척 노리스이기 전부터 이미 척 노리스였어. 얼굴에 총알이 스쳐 입은 부상이 말해주잖아. 〈시티 레인저〉★에서 그가 쿵푸 동작과 딱 붙는 청바지와 정의의 이름으로 우리의 바보상자를 축복하기도 전에 네 아버지는 거리에서 질서를 수호하고 있었지. 법? 그가 바로 법이었어. 로스앤젤레스라는 도시 자체가 너를 죽일 수도 있다는 생각이 들었을 때는 LA경찰을 뒤에서 은밀히 돕기도 했지. 하지만 이 살아있는 정의의 사도는 매일 배지를 차고 거리로 나가 직접 빌어먹을 놈들을 날려버렸어.

> **그러니 힙스터들아,** 다음에 네가 척 노리스 관련 사실을 떠올릴 때는 이걸 기억하렴……
> 네 아버지는 척 노리스도 움찔하게 만든 사람이야.

★ 1993~2001년 미국 CBS에서 방영된 척 노리스 주연의 드라마.

시위 Protesting

네 아버지는 너보다 훨씬 예전에 시위에 참가했지. 경찰 기록도 남아 있어. 임금 상승, 동등한 권리, 전쟁 반대 등을 위해 싸우며 확성기를 든 그의 목소리는 폭발력을 지녔고, 그가 생각하기에 무엇이 잘못되었는지를 세상에 알렸어. 언론의 자유를 구속하려는 그 어떤 것도 네 아버지를 멈출 수 없었지. 네 어머니도 시위에 동참했어. 그녀는 페미니스트들과 함께 브래지어를 불태웠고 네 아버지는 그것을 벗는 걸 거들었지.

그러니 힙스터들아, 다음에 네가 윌리엄스버그에 더 많은 자전거 전용도로 설치를 요구하며 시위하거나 애매모호한 인권단체를 지지하려 할 때는 이걸 기억하렴……. 네 아버지는 싸워야만 했던 진짜 이유가 있었단다.

노숙자 같은 외양
Looking Homeless

네 아버지는 너보다 훨씬 예전에 홈리스로 오인되곤 했어. 구걸로 받은 동전도 있지. 위스키 12핑거★와 햄스 맥주 네 상자를 마시고 이따금 도저히 집에 걸어갈 수 없을 때 그는 길바닥에서 잠을 청하곤 했어. '홈리스 시크'라는 말은 거의 전적으로 그의 꾀죄죄한 외모에서 비롯되었지. 너그러운 누군가가 적선하는 소리에 그는 께느른한 미소를 지으며 잠을 깼지. 동네 부랑자들도 그가 원래 노숙자가 아니라고는 생각도 못했어.

그러니 힙스터들아, 다음에 네가 만취해서 대중교통에서 의식을 잃었다가 다음날 hipsterorhomeless.com♠에 네 사진이 오르지 않았을까 찾아볼 때는 이걸 기억하렴…….
만약 네 아버지가 매주 송금해주는 집세가 끊기면 너는 실제로 거리에 나앉게 되겠지. 그때 네가 들고 있을 만한 호소문은 '음식에 관심 없는 척임' 밖에 없을걸.

★ 위스키 양을 표시하는 단위로, 손가락 하나의 굵기인 1핑거는 싱글, 2핑거는 더블이다. 12핑거는 아주 많은 위스키를 뜻한다.
♠ 힙스터인지 홈리스인지 헷갈리는 사람들 사진을 찍어 올리는 사이트였으나 현재 뉴스 사이트로 바뀌었다.

사진 촬영 방해하기 Photobombing

네 아버지는 너보다 훨씬 예전에 남들이 사진 찍는 걸 훼방놓았어. 그의 친구들에게는 그렇게 찍힌 사진들이 잔뜩 있지. 찡그린 얼굴로 절묘한 타이밍에 끼어들어 35밀리 필름에 담길 추억을 망치는 그는 4×6사이즈 사진 속의 멍청이였어. 사진을 찍고 며칠 후 필름이 현상되어서야 그때까지 아무것도 모르던 피사체들은, 정신 나간 얼굴의 낯선 사람이 난입해 사진을 망쳐졌다는 사실을 알게 되었지.

그러니 힙스터들아, 다음에 네가 밤 외출을 기념하여 사진을 남기려는 여자들을 발견하고는 얼굴을 디밀어 그들의 즐거움을 훼방 놓을 작정이라면 이걸 기억하렴…….
네 아버지는 자신의 존재를 깡그리 사진 속에 던져넣었어. 그래서 이런 짓이 '사진 폭탄'이라고 불리게 된 거지.

다른 사람들보다 똑똑함

**Being More Intelligent
Than Other People**

네 아버지는 너보다 훨씬 예전부터 당신이 다른 사람들보다 머리가 좋다는 걸 알고 있었어. 그가 받은 상들이 그 사실을 말해주지. 그의 두뇌는 총알 같은 속도로 돌아갔고, 타고난 머리가 떨어지는 주변 사람들 사이에서 홀로 정신의 마라톤을 달렸어. 사전을 능가하는 풍부한 어휘력을 지닌 그는 별다른 노력 없이도, 자못 똑똑하다는 사람들이 스스로 멍청하다는 자괴감에 빠지도록 만들었지.

그러니 힙스터들아, 다음에 네가 누군가를 이등시민처럼 취급하거나 혹은 방금 전 휴대폰에서 검색한 사실을 잘난 척하며 늘어놓을 때는 이걸 기억하렴……. 네 아버지는 인터넷이 쓸 만해지기도 전부터 인간 위키피디아였어.

모든 걸 싫어하기
Hating on Everything

네 아버지는 너보다 훨씬 예전에 세상 모든 것을 싫어했어. 그럴 때 보내는 사인이 있지. 언론의 자유를 보장한 미국의 수정헌법 1조를 등에 업고 가운뎃손가락을 마치 캐딜락 후드에 붙어 있는 장식물처럼 산들바람 속에 높게 세웠지. 그의 혀는 신경을 거스르는 세상 모든 것들과 논쟁을 거치며 더욱 날카로워졌고, 그는 독이 가득한 침과 맹렬히 끓어오르는 피로 채워졌어. 세상에 네 아버지가 미워하지 않는 것은 단 하나야. 바로 네 어머니지.

그러니 힙스터들아, 다음에 네가 힙스터 친구들과 함께 커피숍에 앉아 그곳에 있는 사람들이 왜 하나같이 형편없는지 떠들고 있을 때는 이걸 기억하렴……. 네 아버지는 사람들 앞에서 당당하게 마음에 안 든다고 말했어. 안 보이는 곳에서 뒷담화를 한 게 아니라.

형편없는 자동차 Shitty Cars

네 아버지는 너보다 훨씬 예전에 형편없는 구형 자동차를 몰았어. 수리도 직접 할 줄 알지. 본체 군데군데에 스크래치를 퍼티로 채운 흔적이 있고 차창은 덕트 테이프로 고정해놓은 그 차가 물론 대단히 멋지지는 않았어. 시속 100킬로미터에 이를 때까지 3.5······분이 걸렸지. 운송수단이라기보다는 굴러다니는 뒷좌석이었던 셈이야. 하지만 바로 그런 이유로 그 차를 산 거였지.

그러니 힙스터들아, 다음에 네가 주행거리가 25만 킬로미터가 넘는 1989년형 볼보 왜건을 다시 중고 자동차 가게에 넘길 때는 이걸 기억하렴······. 네 아버지는 네가 운전면허를 따기도 전에 이미 그 차를 탔단다.

세계를 여행하기 Traveling the Globe

네 아버지는 너보다 훨씬 예전에 세계를 여행했지. 그가 몸담았던 밴드의 월드 투어 티셔츠가 말해주지. 어느 문화권에서든 통용되는 보디랭귀지를 사용했기 때문에 현지 언어를 배울 필요도 없었어. 거친 행동의 외교관답게 그는 제트족처럼 전 세계를 누비며 방탕의 흔적을 지나가는 곳마다 남겨놓았어.

그러니 힙스터들아, 다음에 네가 아버지의 돈으로 여름 해외여행을 계획하면서 '자아를 찾기 위해' 반드시 필요한 일이라고 주장할 생각이거든 이걸 기억하렴…….
네 아버지는 너를 만나러 유럽에 올 수도 있지만, 소싯적 너무 심하게 놀아서 지금도 몇몇 나라에서는 입국이 금지되어 있어.

예수처럼 보이기 Looking Like Jesus

네 아버지는 너보다 훨씬 예전에 예수처럼 하고 다녔지. "나는 광야에서 40일간 금식했다" 같은 몰골이 말해주지. 성서 속 도플갱어인 예수와 달리 네 아버지는 물을 포도주로 바꾸거나, 돌덩이로 채식주의자를 위한 공정무역 재료가 쓰인 유기농 빵을 만들어내지는 못했어. 대신 큰 파티에 나타난 술 취한 구원자처럼, 댄스 플로어에서 갈증으로 입을 벌린 사람들에게 한껏 흔들어댄 PBR 맥주를 뿌려주었어. 그는 병자를 치료한 적은 없지만 술에 목마른 자를 치료할 수는 있었지.

> 그러니 힙스터들아, 다음에 네가 교회 옆을 지나가는데 누가 놀라서 너를 다시 한 번 눈여겨볼 때는 이걸 기억하렴. 네 아버지는 부활한 자로 오해를 받은 적이 있지.
>
> 추신. 너는 무원죄로 잉태되지 않았어.★

★ 성모 마리아가 성령으로 잉태되어 원죄 없이 낳은 자는 예수다.

카메라 쳐다보지 않기
Not Looking at the Camera

네 아버지는 너보다 훨씬 예전에 사진을 찍을 때 카메라를 보지 않았어. 특유의 '그윽한' 표정이 담긴 사진들이 말해주지. 그가 찍힌 4×6 사이즈 사진을 본 여자들은 나방처럼 그의 불길 속으로 뛰어들었어. 카메라를 의식하지 않는 듯한 그의 시선이 철저히 계산된 산물이라는 걸 깨닫지 못했지.

그러니 힙스터들아, 다음에 네가 측면을 보는 자세를 취하면서 우연히 찍힌 듯 보이려 할 때는 이걸 기억하렴……. 네 아버지는 너를 무시하며 살다보니 자연히 카메라를 무시하는 방법을 습득하게 된 거야.

어디에도 소속되지 않기
Refusing to Participate

네 아버지는 너보다 훨씬 예전에 어디에도 소속되지 않는 삶을 살았어. 지금껏 어느 무리에도 속한 적이 없다는 사실이 말해주지. 한 마리의 외로운 늑대처럼 그는 조직화된 모든 것을 기피했어. 인생에서 자신만의 길을 걸었고 그것은 언제나 누구도 가본 적이 없는 길이었어.

그러니 힙스터들아, 다음에 네가 혹시 참여를 요청받을 수도 있는 재미있는 일을 일부러 피하고 있다면 이걸 기억하렴…….
네 아버지가 소속되길 원했던 게 딱 하나 있었고 그 덕분에 너도 이 세상에 존재하는 거야.

시카고 Chicago

네 아버지는 너보다 훨씬 예전에 시카고에 살았어. 로건 스퀘어★에 집이 있었지. 그는 블루라인♠을 이용하고, 메트로의 스마트 바♣에서 파티를 즐기고, 플래시 타코에 영감을 준 훌륭한 타코를 먹었어. 영업이 끝난 술집에서 쫓겨나기 전까지 그의 밤은 좀처럼 끝나지 않았고, 시카고의 여름이 얼마나 아름다운지 알기 때문에 그 혹독한 겨울을 참고 버텼지.

그러니 힙스터들아, 다음에 네가 시카고의 벅타운이나 위커 파크에 위치한 아파트에 앉아 지식인인 양 커피를 홀짝이면서 링컨 파크에 사는 부유한 '브로'들을 경멸할 때는 이걸 기억하렴……. 네 아버지는 네가 젖병을 두드러대기 전부터 이미 시카고의 올드 스타일에 매혹되어 있었단다.

★ 예술가들이 많이 사는 시카고의 중심지 중 하나.

♠ 시카고의 지하철 노선.

♣ 메트로는 시카고의 유명 공연장으로, 메인 공연장 아래층에 스마트 바가 있다.

욕하기 Swearing

네 아버지는 너보다 훨씬 예전에 수많은 욕을 달고 살았어. 그에게 붙은 'F*** 폭탄' 딱지가 말해주지. 그는 네가 상상도 못할 방식으로 대담한 언어를 구사하는 욕설 전문가였어. 과거, 현재, 미래 시제에 구애받지 않고 부사, 명사, 형용사, 심지어 과거분사를 자유자재로 넘나들며 욕설을 감탄부호 찍듯이 딱딱 내뱉었지.

그러니 힙스터들아, 다음에 네가 부주의한 언어 사용으로 어린아이의 순수함을 빼앗게 될 때는 이걸 기억하렴……. 네 아버지는 AP 스타일북★에 'F***'이라는 단어를 등재시킨 사람이야.

★ AP통신사에서 매년 출간하는 기자, 편집자 등을 위한 문법과 단어 용례를 망라한 가이드 북.

싸구려 맥주
Drinking Cheap Beer

네 아버지는 너보다 훨씬 예전에 싸구려 맥주를 마셨어. 그는 완전히 취해 있었지. 간은 PBR 맥주에 절고, 피는 햄스 맥주가 잔뜩 섞여 있고, 눈은 키스톤 맥주 때문에 풀린 상태였던 그는. 올드 스타일★이 없을 때는 밀러의 하이 라이프를 마셨지. 이 파티용 캔맥주들은 술에 취한 상태에서 그가 찾는 음료들로, 술집에서 마지막 주문을 받을 때까지 그는 내내 술독에 빠져 있었어.

> 그러니 힙스터들아, 다음에 네가 1990년대 풍 파티에서 테카테의 대형 캔맥주를 꿀꺽꿀꺽 마시고 있을 때는 이걸 기억하렴······.
> 네 아버지 때문에 밀워키스 베스트가 짐승 The Beast 이라는 별명으로 불리게 된 거야.♠

★ 위스콘신 주를 중심으로 인기를 끌던 라거 맥주로, 단종되었다가 1990년대 들어 부활했다.

♠ 밀러 사의 맥주인 밀워키스 베스트는 젊은이들이 파티용으로 쉽게 구할 수 있는 저렴한 맥주의 대명사다.

187

낮술
Day Drinking

네 아버지는 너보다 훨씬 예전에 낮술을 마셨어. 그러고는 술기운을 깨기 위해 오후도 다 지나서 낮잠을 잤지. 술 취한 아인슈타인이라도 되는 양 그는 '상대성 만취 이론'을 밝혀냈고, 그래서 '만취'해도 사회적으로 용인되는 시간을 그보다 앞쪽의 책임감 있게 행동해야 하는 낮 시간으로 옮겨버렸지. 결국 파티는 네 아버지가 말한 시각인 어느 화요일 오후 1시에 시작하게 되었어.

그러니 힙스터들아, 다음에 네가 햇살 가득한 토요일, 도심 공원에 앉아 하이 라이프를 마시고 있을 때는 이걸 기억하렴…….
네 아버지는 재능을 낭비한 천재였지만, 햇빛이 맥주 맛을 더 좋게 만들어준다는 사실을 알려주었다는 점만으로도 우리 모두는 그에게 큰 빚을 지고 있는 거야.

지저분한 괴짜 친구들
Having a Crusty Group of Friends

네 아버지는 너보다 훨씬 예전에 지저분한 괴짜 친구들이 있었어. 그래서 네 할아버지는 네 아버지를 혼자 두기를 꺼렸지. 지방법에 의해 갱으로 규정되기에는 부족했던 이 우정의 허리케인은 타락한 행위들로 악명이 높았어. 그들은 파티를 깽판 놓고, 맥주 통을 박살내고, 잘못되었다는 눈초리로 그들을 보는 사람을 남몰래 혼쭐내주었지. 그들은 허세 가득한 십대 남자애들의 집단을 넘어선 그 무엇이자 네 아버지의 가족이었어.

그러니 힙스터들아, 다음에 네가 초대받지 못한 파티에 우르르 몰려가서 난장판으로 만들다가 쫓겨날 때는 이걸 기억하렴…….
네 아버지와 그 친구들은 파티에 가지 않았어.
그들 자체가 파티였지.

테마 파티 Theme Parties

네 아버지는 너보다 훨씬 예전부터 테마 파티에 참석했어. 그런 파티에 어떻게 꾸미고 가야 하는지 잘 알고 있지. 죽어라 술만 퍼마시는 평범한 하우스 파티에 싫증난 그는 7월에 핼러윈 유령과 접신했고, 역사상 최초로 10월이 아닌 달에 코스튬을 입고 파티장을 강타했지.
이렇듯 의도치 않게 파티의 금광을 발견한 네 아버지는 술 취한 창조적 몽상가로 불리게 되었어.

> **그러니 힙스터들아,** 다음에 네가 8비트 게임 캐릭터인 마리오 형제로 꾸미거나 고등학교 무도회에서 짝을 이루어 춤을 추고 있을 때는 이걸 기억하렴……. 네 아버지는 테마 파티용 의상 아이디어를 찾아 구글을 뒤지지 않았어. 왜냐하면 머릿속에 있는 것들을 실행하기에도 벅찰 만큼 그는 충분히 뒤틀린 사람이었거든.

디제잉 DJing

네 아버지는 너보다 훨씬 예전에 디제이를 했어.
그는 여전히 너보다 음악 매칭을 잘하지.
해적방송으로 어디서도 듣지 못한 강렬한 음악을
전파하고, 11시에 인디 LP를 틀어댔어.
네 아버지는 라디오형 얼굴★이었을지언정
목소리는 누구나 아는 거리의 유명 인사였어.

> **그러니 힙스터들아,** 다음에 네가 '파티
> 위저드'라는 이름으로 턴테이블들을
> 갖고 디제잉을 하며 음악적 하이퍼
> 상태로 몰아갈 때는 이걸 기억하렴…….
> 네 아버지는 진정한 디제이, 즉
> 디스크자키였어. 너의 맥북은 그의
> 턴테이블 근처에도 못 가.

★ 못생겼다는 뜻. 라디오 진행자는 얼굴을 볼 수 없기 때문에 생겨난 표현이다.

흡연 Smoking

네 아버지는 너보다 훨씬 예전에 담배를 피웠어. 담배를 어떻게 들고 있어야 하는지 알지. 흡연이 건강에 해롭다고 여겨지지도 않고 법률로 금지하지도 않던 시절, 그가 담배 연기를 내뱉는 모습은 멋지기 짝이 없었어. 담배 연기를 입으로 내뿜어 코로 들이마셨고, 네 어머니에게 담배 연기로 동그라미를 만들어 보냈고, 내키는 곳이면 어디서든 담배에 불을 붙였지.

그러니 힙스터들아, 다음에 네가 직장에서— 뭐 다니지도 않을 것 같지만, 휴식 시간에 피펑크P-Funk★를 뻐끔뻐끔 피우고 있을 때는 이걸 기억하렴……. 네 아버지는 여자들이 입에서 재떨이 냄새가 나는 사람과 키스하기를 질색한다는 사실을 깨닫자마자 폐의 운명을 두고 벌이는 이 다트 게임을 바로 그만두었어.

★ 팔러먼트 라이트 담배의 별명.

수제 맥주 Craft Beers

네 아버지는 너보다 훨씬 예전에 수제 맥주의 세계에 입문했어. 지금도 근방에서 최고의 양조장 중 하나를 운영하지. 술에 취하게 만드는 데 맥가이버처럼 다재다능했고, 몰트와 관련된 모든 것에서 모차르트 같은 천재였어. 그는 한 손으로 병에 맥주를 담으면서 동시에 다른 손으로는 네 어머니를 유혹할 수 있었지. 그러면서도 단 한 방울의 맥주도 흘리지 않았어.

그러니 힙스터들아, 다음에 네가 술집으로 성큼성큼 들어갔다가 다양한 상표를 달고 늘어선 생맥주 탭이 빈티지 레코드판들이라도 되는 양 수염을 긁적이며 골똘히 보고 있을 때는 이걸 기억하렴…….
네 아버지는 너보다 훨씬 예전부터 맥주를 잘 알았어. 맥주에 대한 지식이 어느 정도인지는 동네 술집에서 벨스Bell's★ 맥주만 시켜봐도 금방 알 수 있지.

추신. 내 입맛에 딱 맞는 맥주를 만들어낸 래리 벨에게 감사를 전한다. 내 사이클 모자로 경의를 표하고, 오베론 에일♠ 맥주잔을 높이 들어 찬사를 보내고 싶다.

★ 1970년대 말 미시간 주에 세워진 홈 브루잉 맥주 상표.
♠ 벨스 맥주에서 나오는 에일 맥주 제품명.

미리 마시기 *Pre-gaming*

네 아버지는 너보다 훨씬 예전에 술 약속 전에 미리 한잔하곤 했어. 그는 말짱한 정신으로는 결코 술집에 나타나지 않았지. 맥주병만 봐도 숙취가 오르는 듯한 술고래 친구들과 달리 네 아버지는 어른답게 내성이 있었어. 그의 간은 퍼플 하트 훈장★을 받아도 좋을 만큼 튼튼했지.

그러니 힙스터들아, 다음에 네가 술집에서 진탕 마시기에는 돈이 부족해서 미리 집에서 술을 입에 털어넣고 갈 때는 이걸 기억하렴……. 네 아버지는 언제나 파티가 시작되기 전부터 이미 파티를 하고 있었어.

★ 군사 작전 수행 중 부상당하거나 사망한 미국 군인에게 주어지는 훈장.

파티 Raging

네 아버지는 너보다 훨씬 예전에 파티를 신나게 즐기는 법을 알았어. 그의 친구들은 지금도 네 아버지에게 위스키를 주기를 꺼리지. 파티 초반에 술기운에 곯아떨어져 30분 정도 자고 나면, 덩치만 거대한 곰같이 큰 어린애나 다름없는 그는 완전히 기력을 회복해 주변의 모든 것을 산산조각 내는 F5급 토네이도★로 돌변했지.

> **그러니 힙스터들아,** 다음에 네가 과거의 만취 무용담을 늘어놓거나, 어젯밤에 얼마나 굉장했는지 허풍을 떨 때는 이걸 기억하렴……. 네 아버지는 파티의 수호성인이었어. "그 남자"라고 시작되는 술집의 전설 같은 여러 이야기에 등장하는 바로 그 사람이야.

★ 후지타 스케일에 따른 토네이도 등급. F0~F5까지 표시하는데 F5는 초속 120미터 정도의 바람이 부는 가장 강력한 토네이도다.

감사의 말

수년간 물심양면으로 나를 도와주었던 많은 이들에게 감사를 전한다. 그들 덕분에 이 책이 나올 수 있었다. 부모님에게 감사드린다. 그들은 언제나 내가 필요로 하는 것보다 많이 베풀어주었다. 격려와 지지를 보내준 친구들에게도 고맙다. 브랜드 센터와 교수님들에게도 감사드린다. 코즈와 찰스, 너희 둘이 없었다면 나는 오늘날 작가가 되지 못했을 거야. 마지막으로 에번, 닐, 알렉에게 감사를 전한다. 그들은 나를 격려해주는 한편 내가 우쭐대지 않고 본분에 충실하도록 일깨워주었다.

아버지 고마워요

그 누구보다 아버지에게 큰 감사를 전한다. 그는 내가 이 책을 쓰게 된 영감의 원천이자 진정 놀라운 사람이다. 아버지는 내가 멋진 인생을 살 수 있도록 많은 것을 포기했다. 나는 지금껏 무엇 하나 부족함 없이 살았는데, 그건 아버지가 내가 필요로 하는 것 이상으로 베풀어주었기 때문이다. 그는 그저 나를 먹여주고 재워준 게 아니라 진정한 남자가 되는 법을 가르쳐주었다. 단언컨대 아버지가 아니었다면 지금의 나는 없었다. 내가 스스로를 믿지 못할 때도 아버지는 나를 믿어주었다. 좌절한 나를 일으켜 세우고, 내가 바보짓을 할 때마다 곁에 있어주었다. 그는 아버지 그 이상으로 나의 멘토이자 가장 좋은 친구이다. 언젠가는 나도 아버지의 반이라도 따라가는 아버지가 되길 바란다. 아버지의 반만 되어도 엄청 멋진 아버지가 되리란 걸 알기 때문이다.
사랑하는 아버지, 이런 말로는 당신이 내게 해준 모든 것에 대한 감사로 턱없이 부족하겠죠. 진심으로 감사하고 아버지가 내 아버지인 건 축복이에요.

사진 판권 Photo Credits

Front cover photo by Tyler White

Page 8: Sophie Merry (Dad: Brian Merry); Page 10: Justine Benanty (Dad: Charles B.); Page 12: Kelly Ryan (Dad: Kevin Ryan); Page 14: Julia Good (Dad: Dale Good); Page 16: Eric Sams (Dad: Jerry Sams); Page 17: Susanne Taylor (Dad: Robin Taylor); Page 18: Allison Lucy (Dad: Scott Lucy); Page 20: Kate Hodges (Dad: Billy Letcher); Page 22 (top): Brooke Hawkins (Dad: Bob Hawkins); Page 22 (bottom): Secia Mischke (Dad: Perry Stephens); Page 23 (top): Lauren Gwaley (Dad: David Ashley Gwaley); Page 23 (bottom left): Stacie and Brad Goodman (Dad: Steve Goodman); Page 23 (bottom right): John Woods (Dad: Jack Woods); Page 24: Isreal Lawrence (Dad: Steven Lawrence); Page 26: Jay Milisavljevic (Dad: Milan Milisavljevic); Page 28: Sara Curtin (Dad: Jim Curtin); Page 30: Erin May Thompson Deprez (Dad: Lee Michael Thompson); Page 32: Mollie Davis (Dad: Rick Davis); Page 33: Jess Horwitz (Dad: Bob Horwitz); Page 34: Devin Rice (Dad: Dixon Bennett Rice, Jr.); Page 36: Matt, Brad, and Jason Getty (Dad: Larry Getty); Page 37: Lynae Zebest (Dad: Frank Straw); Page 38: Elizabeth Buckler (Dad: James R Buckler); Page 40: Rochelle Ask (Dad: Mickey Ask); Page 42: Dario Luca Utichi (Dad: Claudio Utichi); Page 44: Mary Zezza (Dad: David C. Zezza Jr.); Page 46: Emily Johnson (Dad: Buzz); Page 48: David Rosen; Page 50: Brie Martin (Dad: Dale Martin); Page 52: Anonymous; Page 54: Emma Roy (Dad: Jimmy Roy); Page 57: Emily Buckler (Dad: Bill Buckler); Page 58: Rachel Hermann (Dad: Patrick Hermann); Page 59 (top): Jenn Fenn (Dad: Dale Edward Fenn); Page 59 (bottom left): Karina Cochran (Dad: Steve Cochran); Page 59 (bottom right): Lauren Downing (Dad: Hugh Downing); Page 60: Lisa MacLarty (Jay MacLarty); Page 62: Hattie Stewart (Dad: Chris Stewart); Page 65: Rima; Page 66: Shannon Sallee (Dad: Mark Sallee); Page 67: Allison Harvey (Dad: Tom Harvey); Page 68: Matt, Brad, and Jason Getty (Dad: Larry Getty); Page 70: Ashlee Petty (Dad: Mike Petty); Page 74: Katherine Rainone (Dad: Ronald Rainone); Page 76: Dean Steven Waldron (Dad: Mark Alan Waldron); Page 77: (top): Cast of Vices; Page 77 (bottom): Jake Hawkes; Page 78: (top): Jaimie Wallace (Dad: William Wallace); Page 78 (bottom): Abby Dreier (Dad: Roy Dreier); Page 80: Lauren Cawdrey (Dad: Pat Abbe); Page 82: Katie Marchant (Dad: Richard Anthony Smith); Page 85: Erin Landry (Dad: Robert Landry); Page 86: Matthew Davis (Dad: Mark Davis); Page 88: Lydia Braam (Dad: Dennis Braam); Page 90: Katherine Clancy Leitner (Dad: Boyd Fink); Page 92: Anonymous; Page 94: Matt, Brad, and Jason Getty (Dad: Larry Getty); Page 96: Jennifer Helwich-Watanabe (Dad: Rudy Helwich); Page 98: Lucas Eaton; Page 100: Jeff White (Dad: Rick Vaningan); Page 102: Sam Rosen (Dad: Jay Rosen); Page 104: Rachel Harkai; Page 106: Erin Friedmann (Dad: Daniel Friedmann); Page 108: Ithyle Griffiths; Page 110: Bryan Zera (Dad: Steve Zera); Page 112: Rachel Reiff Ellis (Dad: Joe Reiff); Page 114: Natalie O' Sullivan (Dad: John O'Sullivan); Page 116: Courtney Cox (Dad: Matt Cox); Page 118: Marcus Siegel (Dad: Larry Siegel); Page 120: Lisa Pritchard; Page 122: Sarah Schwartz (Dad: Ron Schwartz); Page 124: Anonymous; Page 126: Chris Freeman (Dad: Robert Freeman); Page 127: Nathanael Cameron (Dad: Gary Cameron); Page 128: Kathleen Canavan (Dad: Bob Canavan); Page 130: Erin Thompson (Dad: Robert Thompson); Page 132: Deidra Castillo (Dad: Jim Castillo); Page 133: Nathan Puckett (Dad: Gary Puckett); Page 136: Dayena Campbell (Dad: Ken Campbell); Page 138: Kirsten Donk; Page 140: Sean Jones; Page 142: Gwyneth Perry (Dad: William Perry); Page 145: Kristina Moore (Dad: Tom Moore); Page 146: Jessie Atkinson (Dad: Tom Heffernan); Page 148: Ben Lempert (Dad: Chuck Lempert); Page 150: Jessica Voight (Dad: Danny Voight); Page 152: Amy Miller (Dad: Doug Miller); Page 154: Briana Milman; Page 156: Bridget Buckley (Dad: John E Buckley); Page 157: Michael Pambos; Page 158: Andrea Marie Lipp (Dad: Jonathan Marshall Lipp); Page 159: Caitlin S. Weigel (Dad: Kevin L. Weigel); Page 160: Emily Birkeland (Dad: Eric Birkeland); Page 162: Jade Neville (Dad: Gary Neville); Page 164: Daniel Medina Cleghorn (Dad: Enrique Medina); Page 166: Helen Hoepfner (Dad: Gregory Hoepfner); Page 168: Alison Calais (Dad: Steven Calais); Page 170: Kellie Gibson (Dad: Jim Gibson); Page 172: Ginny Braud (Dad: Kenny Braud); Page 173: Ryan Gratzer (Dad: Alan Gratzer); Page 174: Nicholas Mathis (Uncle: Jerry Howerton); Page 177: Neil Slotterback (Dad: Tom Slotterback); Page 178: Jenny Hasenfuss (Dad: Richard Hasenfuss); Page 180: Anna Konya (Dad: John Konya); Page 182: Edie Joseph; Page 184: Matt Wallace (Dad: Jeffrey V. Wallace); Page 186 (top): Nick Giberti (Dad: Steve Giberti); Page 186 (bottom left): Brianna Prahl; Page 187 (top left): Ashley Jean Hight; Page 187 (top right): Lindsay Chamberlain (Dad: Brad Chamberlain); Page 187 (bottom): Peter Roldan (Dad: Julian Roldan); Page 188: Tyler White; Page 189: Eddie Austin; Page 190: Emily Piper-Phillips (Dad: Steve Piper); Page 192: Lindsay Riley (Dad: Bill Riley); Page 194: Charlotte Green (Dad: Tom Green); Page 196: Laura Bell (Dad: Larry Bell); Page 198: Nicky Devine (Dad: David "Harry" Devine); Page 199: Kevin Fergus; Page 200: Matt, Brad, and Jason Getty (Dad: Larry Getty).

옮긴이 박세진

패션 칼럼니스트. 여러 매체에 패션과 관련된 글을 쓰고 번역을 하고 있다. 패션붑(fashionboop.com)이라는 사이트를 운영하며, 비정기 문화 잡지 <도미노> 동인으로 활동했다. <GQ>를 비롯한 패션 매체에 기고 활동을 하면서 현재 <한국일보>에 '박세진의 입기, 읽기'라는 패션 칼럼을 연재 중이다. 『패션 vs. 패션』(2016) 『레플리카』(2018)를 썼고 옮긴 책으로 『빈티지 맨즈웨어』(2014)가 있다.

아빠는 오리지널 힙스터

첫판 1쇄 펴낸날 2018년 6월 25일
4쇄 펴낸날 2024년 8월 1일

지은이 브레드 게티
옮긴이 박세진
발행인 조한나
책임편집 김교석
편집기획 유승연 문해림 김유진 곽세라 전하연 박혜인 조정현
디자인 한승연 성윤정
마케팅 문창운 백유진 박희원
회계 양여진 김주연

펴낸곳 (주)도서출판 푸른숲
출판등록 2003년 12월 17일 제2003-000032호
주소 경기도 파주시 심학산로 10(서패동) 3층, 우편번호 10881
전화 031)955-9005(마케팅부), 031)955-9010(편집부)
팩스 031)955-9015(마케팅부), 031)955-9017(편집부)
홈페이지 www.prunsoop.co.kr
페이스북 www.facebook.com/prunsoop **인스타그램** @prunsoop

ⓒ푸른숲, 2018
ISBN 979-11-5675-752-8 (03840)

* 이 책은 저작권법에 의해 한국 내에서 보호를 받는 저작물이므로 무단전재와 복제를 금합니다. 이 책 내용의 전부 또는 일부를 사용하려면 반드시 저작권자와 (주)도서출판 푸른숲의 동의를 받아야 합니다.
* 잘못된 책은 구입하신 서점에서 바꾸어 드립니다.
* 본서의 반품 기한은 2029년 8월 31일까지입니다.